爱迪思管理思想系列

the Perfect manager
完美管理者

[美] 伊查克·爱迪思 著
张春煜 译

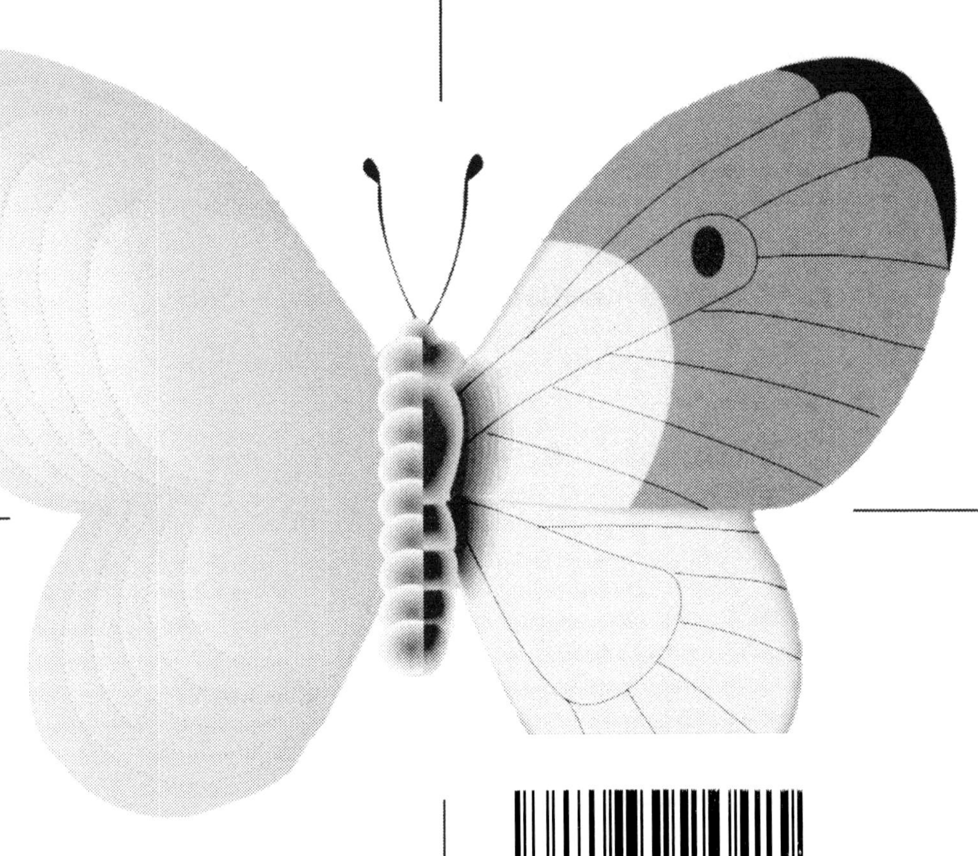

AF471696

華夏出版社

图书在版编目(CIP)数据

完美管理者/(美)爱迪斯著;张春煜译 .
-北京:华夏出版社,2003.12
(爱迪斯变革管理译丛)
ISBN 7-5080-3316-7

Ⅰ.完… Ⅱ.①爱… ②张… Ⅲ.企业领导学 Ⅳ.F272.91

中国版本图书馆 CIP 数据核字(2003)第 113517 号

Ichak Adizes: *How fo solve the mismanage crisis*
Copyright © Ichak Adizes, 1979
Chinese Lanynage edition published by Huaxia Publishing House
本书中文版专有版权由 Ichark Adizes 授予华夏出版社,
版权为华夏出版社所有。
未经出版者书面允许,不得以任何方式复制或抄袭本书内容。
版权所有,翻印必究。

北京市版权局著作合同登记号:图书 01-2003-8564

完美管理者
[美]伊查克·爱迪思 著
张春煜 译

策　　划: 陈小兰
责任编辑: 李　杰
出版发行: 华夏出版社
(北京市东直门外香河园北里 4 号　邮编:100028)
经　　销: 新华书店
印　　刷: 北京圣瑞伦印刷厂
版　　次: 2004 年 1 月北京第 1 版
2004 年 1 月北京第 1 次印刷
开　　本: 1/16 开
字　　数: 212 千字
插　　页: 2
定　　价: 25.00 元
本版图书凡印刷、装订错误,可及时向我社发行部调换

献给

陪伴我人生的托帕兹和施汉姆

序 言

你是否遇到过这样一种情况：从一流的管理学院毕业的高材生一旦成为管理者，却会管理不善。他们在决策时要么"蜻蜓点水"，要么优柔寡断，或是从"跟着书本走"的角度讲有点官僚主义。他们知道管理哲学，他们知道必须学会计划、组织、激励和控制，但是，他们有时会在某个方面或更多的时候做得很失败吗？他们的那套管理哲学是有缺陷的吗？

你读过有关管理原则的教材吗？它们写得很好，简洁而且使人振奋。但是书本上看似如此简单的东西在实际中却是非常的复杂，而且按照书本上那些显而易见的原理去做，很多事情是行不通的吗？

如果你是一个非常优秀的经理，你可能会有"孤独的忧郁感"——重负的责任无法向任何人倾诉，决策的制定无法与任何人分享。而且，不管你的决策正确与否，你都得为其负责。

大部分的管理教材都把我所谓的"教科书式的管理者"称之为"模型人"——能够很好地履行所有的管理职能。这些教材忽略了个人风格的差异。而且，我认为他们把复杂的管理任务描述得过于简单了。这些教材基本上以个人为中心，即探讨一个管理者应该做什么。

本书的目的在于以团队过程展现管理，并给读者提供诊断和治疗管理不善的工具。本书提供的工具可以协调团队，并且使趋于老化和官僚化的组织重新焕发活力。我和我的同事在爱迪思学院已经成功地运用这些工具来提高组织的效率和效益，同时，组织中使用这些方法的人自身也得到了提高。

伊查克·爱迪思

致谢

有太多的在我写作及构思时帮助我的人，恕我不能一一道来。下面列出给我帮助最大的人们，并致以我最诚挚的感谢。

首先我要感谢哥伦比亚大学的 Kirby Warren，他鼓励、鞭策我写作此书。他对终稿的评论使我在内容和表达上得到改进。

我多年以来的助手，Uma、Avi Nachlieli、Gad Caspi、Gene Neiman、Earl Schub、Amram Haisraeli 和 Susan Ehrhart 对本书做出了评论和批评，并帮助我查阅图书资料。莫德(MODR)学院的 Bill Grieb 收集了原始材料，编辑了本书的初稿。如果没有早期这些繁杂初步的工作，我就不可能现在将本书完成，因此我要致以特别的谢意。

我的同事：JimTaylor、Jim Jackson 和 Bob Tannenbaum，以及加州大学洛杉矶分校的 Warren Sachmidt、莫德学院的 Will McWhinney、Moshe Ben Bassat 阅读了部分书稿，作了富有价值的评论。

Marla Rabin、Ruth Dordick 以及 Reta Singer 不辞劳苦地将稿件打出并加了注释。Rhoda Blecker 将稿件编辑成可读的格式。加州大学洛杉矶分院的资深研究委员会、行业关系研究委员会和莫德研究院资助了手稿的打印和编辑。加州大学洛杉矶分院研究院让我有了大量时间完成此书。

本书使用了我在《加利福尼亚管理评论》1976 第 19 卷第二编中，描述管理不善的类型的模型，对于他们允许我在本书中使用此文章，我表示感谢。

目　录

第一部分 陷　阱

第1章

导论

至今我还清楚地记得是如何开始构思本书主题。那天下午，一位推销员上门向我介绍最新版30卷的《大英百科全书》。“先生，您是做什么的？”推销员问我。“我是教授管理学的”，我回答道。他说：“噢，那么让我们看看大百科全书中关于管理是怎么说的。”

这样，我们开始查找词条。但随后这位推销员愈来愈窘迫，我同样迷惑了。很明显，大英百科全书里没有这样一个词条。全书中有关于管理科学是一种决策的数理模型的解释，也有关于组织行为是组织机构的社会学的解释，但惟独对于简单的“管理”一词，这个每天世界上数以百万计人们从事的事情完全没有提及。

这使我坐下来思考什么是管理。在南斯拉夫，如果一个人像在美国一样进行管理，他很可能会起诉甚至投入监狱。据我们所知，美国式管理在那里是非法的。管理在南斯拉夫是让人们按照规定做事，它仅仅式最终决策之后附属的东西。

在以色列的集体农庄里，管理人员（农庄的秘书）在若干年监督工作后又重新做诸如挤牛奶的日常工作。在那里，管理性任务作为一项实践工作周而复始地重复。以色列人不承认职业管理，如果某个人企图管理别人，这就是意味着单方面告诉别人做某项事情，管理者本身也会被（农庄）委员会撤销职务。

在教科书中，我们学到了管理中的计划、决策、组织、控制以及激励等知识。然而，有些组织中的管理并不施行那些职能。几年前，我对歌剧院、舞蹈院和戏剧院等艺术机构进行了管理方面的调查。在对一些知名歌剧院、芭蕾舞公司、戏剧院和博物馆探访后，我发现那里的管理者不是像我们所想的那样在管理艺术家，而是在管理工人。那里的管理者不像书本所说的，他们不会计划、组织和调控。我发现医疗和教育机构也存在同样的现象。这些行政人员没有行使管理者的全部职能，同时，由于医师和教育者专注于本领域的事情，他们也不对政策的事情进行决策。

那么什么是真正的管理呢？管理是做什么呢？是否有一个体系真正脱离管理而运行呢？在我以前的研究中早已发现管理是不可或缺的。尽管在南斯拉夫、以色列法律中有管理者进行管理的说法。但对我而言，管理是施行某些职能，这不是法律和社会压力所能替代的。

我认为管理要承担 4 个职能：生产者、行政管理者、企业家和协调者。每个角色都是优秀管理者的必要条件，四者的综合构成了充分条件。我所说的“必要”是指当某项职能角色不能行使时，就会存在某种形式的管理不善。本书讲述了四种职能角色并解释如何诊断管理不善的各种情况。

我认为单个人往往不能行使全部四项职能。善于思考和计划的人通常在执行方面较弱；那些在执行方面表现出色的人也许不善于激励他人；而善于激励的人可能连具体的小事情也做不好；那些处理事情井井有条的人可能在面临变化和接受新思想时无所适从。对单独个人而言，在成长组织中进行有效的管理非常复杂，是难以完成的。这四种职能是冲突的，没有人能够同时做好。如果单个人试图这样做，通常就会产生管理不善。我的观点是，好的管理必须有辅助，这也就要承认存在风格和观点的差异，承认冲突是管理中不可避免的、富有魅力的重要一面。

管理中的角色

一个组织要长期有效、高效率运行的充要条件是：作为绩效创造者[1]、行政管理者、企业家、整合者[2]。

绩效创造者(P)

人们期望管理者所在组织生产的产品和提供的服务至少要与同行竞争者一样好。为了完成这一职责，管理者必须了解所从事的领域，无论是市场营销还是机械性记账、会计、法律等其他领域。此外，还必须要有一种能够实现最终目标的推动力。

行政管理者（A）

一个管理者仅有知识和动力是不够的。个人拥有生产能力和具备某个领域知识和技术不一定在管理一个团队时达到同样的结果。他作为行政管理者，制定日程表，协调和保证任务的实施。总之，行政管理者确保组织按照原来设计运转。

企业家（E）

管理不仅仅是创造绩效和行政管理，它还包括在制定目标、战略规划和政策制定时体现高度的判断力。这种判断力涉及企业家精神。在一个变化的环境中，管理者必须学会判断，并且能不断地修正目标

1　在本书中有时也译为生产者。

2　在本书中有时也译为协调者。

和实施的体系。为了履行这一职责，管理者必须是一个组织中的企业家。和那些实施既定计划和决策的行政管理者不同，企业家必须构思出自己的行动计划。他们必须是创新者。履行企业家角色的管理者必须有创造力以识别行动的路径而且愿意承担风险。如果他们没有创造性，就不会有新的可能；如果他们不能承担风险，就是不善于利用机遇。

但是，即使三种职能都具备了，这三种角色对于一个称职管理者来说也是不够的。在许多三位一体的组织中（通常是组织的创建者），一旦它的核心人物死亡或者由于某种原因被别人替代，组织就会被人牵着鼻子走。组织的生命周期比组织中的个人生命周期要短。因此，一个组织要保持成功，还有一个角色不可忽视。

整合者（I）

管理的第四个必要职能是整合。整合（或者协调）是指一种过程，通过把个人风险变成团体风险，个人目标融合到集体目标中，而且最终个人的企业家精神是以集体的企业家精神体现。当一个团体能够按照一个明确的方向运行，而且能够不依赖于个人的成功做出决策时，我们可以说整合者的职能已经履行得很好了。一个好的整合者往往会变成一个可有可无的人，因为整合的团体可以不依赖于他运行。

管理失效

如果某些管理角色缺失，就会出现某种类型的管理失效。所谓“类型”是指在固定情况下表现出来的一系列行为特点。因此，当管理者表现出其所属的“类型”时，就意味着在某些已知情况下我们能够预测管理者的管理行为。

一类管理任务对应一种管理类型，每个任务都有其独有特征。因此，不同的任务要求人们采取不同类型的管理行为。一项销售工作需要人们采取某些管理行为，而这种管理行为与会计工作中的管理行为是不同的。

经典的“管理职能”（functions of management）方法假定所有的人具有相同的行为方式，而且忽略了不同的人在组织、计划和控制方面也会不同的事实。在我看来，重要的一点就是管理方式与管理者的工作是否很匹配。一种方式与一项任务并不匹配，可能就是造成组织管理失效的原因之一。

在研究期间，我发现 **P**、**A**、**E** 和 **I** 四种角色也可被用来描述和分析组织的生命周期，而且组织的行为随着生命周期的变化而变化。在任何时候，管理角色的作用都很重要。这意味着人们可以预测组织生活中的一些规律，并且为之作好准备。

学习的价值

理清 **P**、**A**、**E** 和 **I** 四种角色之间的相互关系，是一种很有用的诊断管理失效的方法。首先，它能用于执行领域和研究领域。我认为没有一个管理者拥有成功管理一个组织所必需的全部品质，所以，这种方法为补充管理中所必需的某些行为方式提供了一个框架。

其次，**PAEI** 模型能作为一个预测工具来使用。一个管理者的行为模式一旦确定并得到证实，就有可能预测模式中的其他变量，以及这个人的其他行为。

我和莫德学院的同事曾经使用过该书中描述的方法，并且发现这个预测工具是非常强大的，它使得我们可以透视和分析一个组织。我们可以通过三种组织整体行为或单个管理者的行为方式来预测各个部门在组织中是如何运行的？雇员会被替换吗？有多少培训和什么样的培训？员工如何得到提升，以及因何而提升？谁有可能是公司的下任经理以及为什么人选会是他？谁和谁存在着矛盾？哪种矛盾是情有可原的，哪种矛盾是必须杜绝的？

方法和数据来源

本书收集数据使用的方法是参与观察法：为了收集组织的动态资料，我和管理人员工作在一起，记录我观察到的东西，同时，广泛地使用登门拜访的方式来收集信息。我调查和观察过的公司，其销售额从100万美元到10亿美元，雇佣的员工数从80到15，000。他们涉及到各行各业，包括航空、保险、银行、表演艺术、博物馆、政府机构和其他的所有营利和非营利部门。

由于我总是亲临现场观察，因此，我经常去不同的国家，这使得我有机会将我的观察作一番比较，并且可以与国内和国外的经理人员进行交流，分享观点。另外，这个模型是给全世界负责不同执行项目的高层执行人员看的。因此，这个模型和它的结论在各个领域中被众多管理者证明是对的，而且不存在文化上的差异和技术上的偏差。

我们研究的重点与心理学家如马斯洛、麦克·莱伦和瑞丁等人有所不同。他们研究的重点是描述需求并试图从中预测行为。我对一个给定的行为为什么会出现不感兴趣，我感兴趣的是什么样的行为会出现？以及它是怎样影响组织的？这种研究是把管理者的行为方式作为一个决定因素来预测组织的行为，并且试图给出所需采取的措施。

另一个方法论上的区别是：在过去，布莱克·默顿、瑞丁、马卡比和费尔德等人试图使用一维、二维或三维分析方法来定义管理行为并把它编纂成文。然而，这些研究和理论主要着眼于个人（他或她）的行为和效果。关于管理和领导者的文献着眼于个体研究，类似于微观理论，它集中于个人、企业或公司，这样使得组织中复杂的决策制定过程带有个人色彩。

相应的个体研究方法也出现在传统的管理理论中。传统的管理理论往往只重视管理的某个方面。泰勒（*Taylor*）是管理领域的先驱者，只关心生产、专业化和效率（**P** 角色）。另一方面，费欧尔（*Fayol*）和厄尔维克（*urwick*）只关心组织结构——权威和控制力度、权力分派和链式控制关系（**A** 角色）。韦纳关注动态创新和下面将介绍的控制论（**E** 角色）。梅奥（mayo）则认为人际关系、行为科学和组织中的个体研究是管理理论的主要方面（**I** 角色）。从本质上讲，他们都认为在上述四种管理角色中单一管理者担任的角色可以看作整个管理角色，即单一角色包括了其他三个角色。

"整合管理"理论家如德拉克尔、纽曼和库恩茨试图把效率（**P**）、结构（**A**）、创新（**E**）和人际因素（**I**）结合到一起，称之为管理过程或管理职能。然而，他们基本上还是保留了过去调查的重点：单个管理者。

而我的观点是：四种角色缺一不可，同时，不同的人扮演不同的角色。好的管理模式需要将不同行为方式和思考方式的人聚到一起。我们不要谈管理计划、组织等等，而应该讨论管理团队如何来完成这些职能。生产者、管理者和企业家角色应该由一个团队来扮演，因为没有人能同时扮演这么多角色。至于为什么要这样做以及怎样做则构成了本书的主要内容。

第二部分
管理失效的类型

第2章

P－－－:独行侠

绩效创造者的角色

一个热爱本职岗位，并在其所处的领域里知道该怎么做的人，对组织而言简直是无价之宝。他（或她）工作勤奋，是一个优秀的绩效创造者。

绩效创造者可以是出售商品的商家，可以是运行生产系统和执行科研任务的工程师。绩效创造者应该完成自己的工作。任何组织都需要行为导向和目标导向的管理者，他们可以出色地完成职责。

作为一个绩效创造者，一个在其领域表现出色的人，有强烈的追求成功和追求绩效的欲望。他从来不推迟他们的工作：作为销售人员，他会尽快地达成一项交易；作为工程师，他不可能等到他的机器开动，发出嗡嗡的声音才工作；作为一个网球运动员，他也不会临到比赛才热身，而是在打球时还密切地关注得分情况。

要成为一个绩效创造者，他必须有强烈的渴望成功的愿望，并且知道他们在做什么。我们知道在四种管理角色（**PAEI**：发音与“派Pie”相同）中专业知识所处的地位，但在这里我们必须知道知识对创造绩效的影响和作用。为了创造绩效，他必须知道制定一个规则的技巧——必须知道控制什么和怎样控制它。

技术应该从更广泛的意义上来理解。每个领域都有它的技术所在。营销技术是指购买者、竞争者和销售渠道等等；在生产方面，是机器、原材料和手工操作等等。

人们经常听到这样一种说法：一个好的管理者能够管理好所有的一切，他能从一种技术（领域）转向另一种技术（领域），并且取得成功。正如俗语说的那样：“从制造鞋子到生产泡泡糖，没有什么区别。”他仅仅只需要懂得如何去设计、组织等等。然而，这一说法需要做一点修正。一段时间后，他确实能管理任何事物。但一开始，管理者必须知道各种技术的区别：组织的“标志”是什么？它如何进行市场运作？它的生产系统有什么特别之处？许多艺术类组织面临很多“艺术性”的问题，因为他们持有这样一个观点，即一个好的管理者能管理好一切。董事会的成员只有经营方面的经验，他们打算开一个影剧院就像要开一家香皂公司。他们会说“你们绩效创造者的任务是，生产顾客需要的东西，对产量作预算，并将产品卖出去”。

但是，由于缺乏制造绩效所必需的技术和相关知识，管理者作决策的能力就大为减弱了，在决定做什么、何时决定以及怎样决定中可能犯错误。活动的时间和投入活动中的努力程度的比例也可能是错误的。

缺乏相关知识但渴望取得成功的管理者不可能是一个完全的高绩效创造者。相反，他更像一只雄蜂，不恰当地从一项任务匆匆地转向另一项任务，辛勤地工作，却从来没有产生有用的结果。他渴望成功，但由于自身知识的有限，他会犯错误，而且错误带来的影响非常大，以致他常常要做比开始更多的事情来结束他的任务——接着进行不恰当的工作。所以他工作越勤奋，他落后别人就越多。结果是他在不断地倒退。

另一方面，拥有丰富的相关知识但并无功利心去追求成功的管理者最终常常会变成一名普通的工作人员。他整天呆在办公室里，工作、阅读、学习和思考。当别人问工作人员一个问题时，他能给出极其正确的答案。在他的领域里，他很有学问，但是他对做事情却毫无兴趣。他喜欢一项操作、一个机制、一项技巧或一个系统中带有分析和智慧色彩的部分，但他就是不想“把自己的手弄脏”，不想去管理和开展这些活动。当他完全明白一项活动后，他就很厌恶机械地去实施它。

因此，一个完全的高绩效制造者必须既有他所在领域的知识以正确地做出决定，又有追求成功的动力以便将那些决定付诸实施。他知道需要做什么和怎样去做，然后就去做。

在本书的其余部分，无论在哪里提出生产角色（**P**），我们都假定这个人既有学问又有追求成功的需要。如果一个人的 **P** 做得不够好，就意味着他要么不太追求成功，要么拥有的相关知识不够。

“独行侠”风格

让我们拿出一点时间考虑一下如果一个管理者只履行生产者的职能，这将意味着什么？我们给他一个代号 **P**——**PAEI** 代号中的 **P**。这表明了他不是一个管理者，不是一个企业家，也不是一个整合经营者——他仅仅是一个生产者，尽管他可能是一个优秀的生产者。

如果一个管理者仅仅是一个生产者，这将意味着什么呢？他不会协调、管理、委派、计划、服从和控制等等，他提不出新的观点或突破口，无法和别人相处得很好，也不知道组建一个团队来协同工作，发挥周围人的能力——他总是仅仅忙于生产。当一个新的问题引起他的关注时，他放下手头的任何东西，不分青红皂白地立刻投入到新任务中去。事实表明他总是不停地奔波于大小事务之间，面临一个又一个的危机。他认为越匆忙，他的工作就做得越好。这就是为什么从不缓和工作压力、不作适当休息的生产者 **P** 经常被称为“独行侠”的原因。

“独行侠”的时间观就是要立即解决组织中亟待解决的问题。他没有考虑过长远计划，头脑中没有新方向，缺乏“十年磨一剑”的耐心。

在任何组织的任何部门，“独行侠”很容易被识别出来。不管他处于哪个领域——会计、研究、销售、运营——他总是忙着干活，干活，再干活。他认为自己有义务去做所有的事情。他总是早上第一个到达，晚上最后一个离开。他是一个工作狂，所以一旦他没有事情可做，就表现得烦躁不安。一旦他没有事情可操心的，就很焦虑！

当一个管理者把所有的工作都视为己任时，他必然不愿意把权力或责任分派给他的下属，这就是典型的“独行侠”。在他管理的组织里，工作量的分配会出现明显的失衡。管理者工作繁重，而其他的人却无事可干。在探访这样一个组织时，我注意到它缺少一种紧张的氛围。人们看起来似乎有无数的时间花在一个来访者身上。但是，当我一进入管理者的办公室时，那种鲜明的对照让人不可思议。气氛非常紧张，管理者说话速度又快又清晰电话不停地响，秘书匆匆忙忙地进进出出……

这种管理者的下属充其量只是一场表演中的观众。如果这个管理者有一个秘书，那么这个秘书通常要干他可能干不完的活。然而，尽管这个“独行侠”时常抱怨他的工作量太大，但是他最忙的时候往往是他最开心的时候。这种想法可能根植于他的角色理念和他对自身价值的评价。

“独行侠”总是以他工作努力程度来衡量他的成功和对组织的贡献。当你问他：“过得怎么样？”，他的典型回答就是：“我们销售（或生产，或其他别的）……”或者“我最近工作到半夜。”这个“最近”在这种情况下有可能就是他一直是这样做的。

当提议减少工作量时，他总是马上有许多理由表明这是不可能的事情。当他接受更多的工作时，他有可能无法完成其中一部分，因为他总是试图亲自做所有的事情。

当问及“为什么不分派任务？”时，他的典型回答就是“他们做不好”；当问及“为什么你不培训他们？”时，他通常的回答就是“我没时间”。所以，“独行侠”陷入了他自己设下的陷阱。他自己工作繁重，利用所有的时间来创造绩效。这使得他没有时间去培训别人，这反过来使得他手下没有受过培训的员工，无法分派任务——这又意味着他必须拼命地工作。结果就是，如此恶性循环下去，他是整个组织中工作最卖力的人。

“独行侠”经常会抱怨时间太少，他希望一个星期至少有两个星期天来赶他的工作。

他拒绝分派任务也是由他自己的观念所致。如果他分派任务，那么他的工作量就会减少，这样他就不再认为自己是一个好的管理者。他很独立，希望所有的问题都在排队等他。他的桌子上总是堆满了文件和那些还未完成的任务。他总是很匆忙，而且他喜欢那种方式。分派任务将会夺去他工作中的所有乐趣。

但是，既然不可能所有的事情管理者都亲自去做，那么他就广泛地使用“监工”——就是供他差遣并被分派一些短期任务的员工，但是这些员工没有持久的、长期的权力。这些人把他们的大部分时间都花在等待下一个任务上，但是这些任务往往以“昨天”就应该解决但却没有解决的危机的形式出现。对于分派的任务他们通常没受过事前的培训，而且管理者经常会以一种请求的方式提出任务：“请帮忙处理这个危机。”

“独行侠”式的管理风格是一个普遍的现象。他的下属在世界各地都是一样的。尽管他们的叫法在不同的国家可能会不同。在美国，他们被称为“追求者(go－fors)”；在墨西哥，他们被称作 inginiero ibeme，意思是“去给我拿点东西来”；在以色列，他们被称作“errand boys”，意思是“差遣男孩”。

这些“追求者”和“差遣男孩”并不都是低水平的行政人员。在许多公司里，高层副经理作为“独行侠”做的就是这类事情。他们是总经理的助手，但是几乎只为总经理做事。由拇指规则可知，如果一个组织里面有许多“副总经理”这样的人，那么可以推断，“独行侠”肯定站在组织结构的最高处。他不分派任务，他只是拥有一批助手来帮助他处理手头上的危机。

“独行侠”敬重实干家、生产者和成功者。但他把那些想帮他系统地管理工作或帮他分派工作的人看作是一群“学究”，即那种“不能做事”的人。对于试图通过员工会议来改进计划，增进交流的事情，他的典型反应就是：“我们不能花太多的时间在长期的东西上。我们手头上有许多事情要做。如果今天不生产，就没有我们的明天了！”或者他可能会说：“为未来如此担忧是很愚蠢的，我们还有这么长的路要走。”说完，他就立刻去做销售计划，或者接下一个电话，或者去消除他认为可能发生的危机。

在一天接一天的日子里，“独行侠”感到他自己不知该往哪个方向发展。他从不关心他们走到了哪一步，对他而言重要的只是“今天”。

他的计划通常限定在一周或一月内。因此，他的效率很高，但方向却错了。因为他没有时间去监督他的企业到底走到了哪一步，是否正在朝一个正确的目标走下去。

彼得原理对这类专制的 **P** 型管理者作了一番有趣的描述：作为一名汽车技工，这个管理者曾是一名优秀的工人。他能诊断出机器的故障所在，而且对排除此类故障表现出无限的耐心和熟练。当他得到提升后，很少能在办公室的桌子旁看到他，他通常还是在车间里，在机器旁工作。那些应该修理汽车的员工则站在一旁观看。其余的工作人员站在一边，等着分配新的任务。车间里总是有无数的工作，而且还会常常错过最后的截止时间。

“独行侠”喜欢处于一种救火状态。他宁愿什么事情都自己去做也不愿指挥他人。我们可以在有创造性的职业领域发现许多诸如此类的情况。过于热心的艺术导演亲自指导所有的演出而从没想过别人应该指导哪些演出。这类部门也是苦不堪言：邀请来的导演在预演时就已经退出，因为这些“热心”的导演不断地干涉。美国一家一流歌剧院的一个艺术导演极其喜爱指挥。据说，他喋喋不休的“建议”使得一个指挥家当场扔下指挥棒，甩门而去。

建筑师们一旦做了管理者，由于不再进行设计，他们会为此而悲哀。这类建筑师会经常在设计室里徘徊，一旦碰巧有人问他们一个问题，他们就会以此为借口重新开始设计。医院的销售经理和医生一旦被提升到管理层，他们的行为方式和建筑师们所表现出来的是一样的。

“独行侠”希望什么事情都自己做，这一点从他不愿培训别人以及他培训别人的方式就可以看出。他觉得对下属作系统的培训是没有价值的。他偏爱学徒的方式，希望他的下属从组织的实际工作中和效仿他的过程中学到东西。“他们为什么没有激情，没有创新？没有向我表明他们在做什么？”他经常抱怨：“谁培训过我？没有人！我都是自学的。他们为什么不能自学？”在这里，没有任何秘密，只要完成工作。只要努力，完成工作是没有任何问题的。

因此，对 **P** 类管理者而言，成功的秘诀很简单：努力工作，多做贡献。如果一个人“失败”了，理由也很简单：他没有尽力，或他不想努力地工作。

“独行侠”很鄙视那些不能创造绩效的下属——他责备他们，而且对下属没有接受系统培训的抱怨（下属抱怨“独行侠”从来没有对他们进行系统的培训）也是听而不闻。

我曾经遇见过一个关于“独行侠”的经典事例。他是一个副总经理，他的工作时间比其他任何人都长。他从不给下属安排任务，也从不培训他的下属，他总是忙于处理繁杂的危机。当我和他在管辖的一个部门一起编制预算时（因为他没有时间做类似的事情），他从门缝伸进头来问：“你们在干什么？”“我们在编制预算，你呢？”“我在销售，好支付所有的预算。”他讽刺道。

“独行侠”管理的组织是无法成长的，因为他自己不能成长。他既强硬又愚蠢，他很容易“消耗殆尽”，然后退化，这也和我们后来看到的一样。当他离开一个公司时，他留给公司的只是一群未经训练的员工。由于他没有时间去培训他们，那么他的任务也就无法分配给别人去做。

独行侠是管理中的一个必要角色，但仅仅只有这个角色是不够的。

独行侠风格的概括：

个人风格

角色：绩效制造者。
如何胜出：完成工作。
主要行为：强迫自己繁忙。
关注焦点：此刻该做什么。
最明显的个性特征：鞠躬尽瘁；勤奋工作。
评价自己的方式：工作有多努力。
典型的抱怨：工作时间太短；有太多的事情要做；我没有足够的时间。
决策：宛如野蔷薇果实里的嫩枝；先行动，后思考和聆听。
如果他有空闲时间：他会为自己寻找更多的工作来做。
他的雇佣偏好：时刻准备好的"差遣男孩"；追求者；按指示将事情做好的人；像他那样不辞劳苦工作的人。

下属

下属的风格：追求者。
得到提升的下属：随叫随到并接受所有的差遣；完成工作，不论原因和方式。
下属因何而受到赞赏：绩效。

下属不会告诉他的事情：他们真正能做多少。
下属的不正常行为：马不停蹄地穿梭，等待有事可做。

时间管理、员工大会和管理方式

他到达和离开工作室：最早一个来，最晚一个走。
下属到达和离开：在管理者之后到达，在他走之前离开。
召开员工大会的频率：很少召开会议，一旦召开，他总是紧急召集员工，和他们会面时，让员工都站在那里，然后就声称他没有时间开会。
员工大会出席要求：口述问题；通常人数很少。
谁在员工大会上发言：一对一，大多数是上级对下级。

培训："跟我学"

对系统管理的态度：贬低它；认为占用了太多的时间。
对冲突的态度：恼怒；认为下属应该做的事情就是完成工作。
对创新的态度：抵制它，因为他没有时间去做更多的事情；如果该创新能即刻带来绩效的话，他会接受它。
他喜欢的信息类型和关注的焦点：技巧性的职业信息；不与别人分享，也没有时间去获取它。
创新点：分散在整个组织中。

对其他管理者的态度

生产者：（独行侠，**P**）喜欢自己，欣赏自己。
行政管理者：（官僚主义者，**A**）轻蔑。
企业家：（纵火犯，**E**）尽量避免。
随大流者：（随大流者，**I**）轻蔑或忽视。
木鱼式管理者：（非管理角色）厌恶。

第3章

－A－ －：官僚主义

管理一个组织的角色

行政管理人员就是密切注视组织发展的人。他善于组织，关心即将发生的事情和它的执行情况。他有很好的记忆（或者说受到定式的强化，这意味着他不一定非要依靠他的记忆）。他的工作就是让系统按事先设计的那样运行。由于他的方法以及他在管理细节方面的不断努力，他能监督整个系统，使组织里的事物都有秩序地运行。

对任何组织而言，拥有一个有效的行政管理是很重要的。好的行政管理意味着运行常规化和系统化。如果说生产者角色能带来业绩，那么主管角色就能提供效率。主管程序就是以事先规定的程序来安排人员，然后分配资源，让员工以理想的方式来工作。

那么，管理者就不仅仅是自身创造绩效的人，他应该具备管理他人的能力，保证他人也能系统地、有效地创造业绩。

管理意味着“服务”，然而经营则涉及到目标确定，包括制定目标的权力。管理就是使任务执行变得顺利；管理人员监督组织中的工作，但是不参与到工作中去，甚至去限定首先应该做什么。

管理理念中的服务涵义在卫生、教育、艺术和政府组织中都能得到体现。在这些组织中，执行管理职能的那些人才被称为行政管理人员。如果称他们为经营者，则意味着他们也制定组织的目标，事实上不是这样，在这些组织中，目标是由一系列管理人员共同决定的。比如说，医护人员或学术人员。

行政管理人员的角色就是服务于那些目标，使任务得以完成。因此，我们就产生了卫生或医药主管、教育或艺术主管，以及公共主管（即公共服务管理人员）这些职位。这些管理人员不能单独决定组织的目标是什么，他们只是服务于这个目标；他们为决策制定者做好管理工作，因为那些决策的制定者才是真正从事绩效创造的人。

遗憾的是，大部分的管理学作者都把“经营管理”和“行政管理”两个术语混为一谈。我偏向于把“经营管理”看作是整个过程，而“行政管理”就只能限定在管理过程部分，它包括任务执行和组织。

行政管理和经营管理的一个基本区别是在行政管理中，尤其是在公共行政管理中，只要是未经特别许可的事情都是禁止实施的。管理者在整个过程中都只是一个规则接受者。

在经营管理中，情况就完全倒过来了：只要是未经特别禁止的事情，都是允许做的。管理者可以创新、计划和行动。他在符合情理的范围内提出自己的规则。

行政管理和经营管理的细微区别有交叉之处。事件的计划者显然应制定合理的目标，然后通过行动去完成这个目标。而水门事件的计划者则不是为它的体系即美国政治体系服务，他们做的只是去运作这个体系。

类似地，一个人如果去经营一个理应用行政来管理的体系，那么他采取的一些主动行为就有可能违反先前制定的程序，而行政管理者就容易适应这些程序。

一个体系越是集权，中层管理的工作就越倾向于行政管理，而不是经营管理。当一个高度集权的组织开始实行分权管理时，那些过去从事行政管理的人必须开始承担风险并做出决策，而不仅仅是“按常规”来落实行动！

因此，尽管行政管理角色是管理过程中的一个必要组成部分，但它并不等同于管理过程。然而，如果忽略其他的管理角色而仅仅只是承担行政管理的角色，那情况将会怎样呢？

官 僚 作 风

一个仅仅从事行政管理的人不是以组织绩效为导向的。他不创造绩效，也不懂得如何创造绩效。在我们的模型中，他的行为用代码 **A** 表示。这样，这种风格设计的代码是 **A**，而不是 **P**。这种人既不是企业家，也不是随大流者。他仅仅依规章办事。他心里知道标准操作程序，并且他通过公司指示，通常是成文的规则来管理。我们把这类管理者称为“官僚”。

官僚很容易被识别出来，因为他（或她）关注的是“如何做”，而不是“做什么”和“为什么做”。当你进入一个官僚组织时，他可以看到每个人都坐在自己的桌子旁，小心地避免不要违反规章制度。官僚和他的下属总是准点上下班，他们的墙上总会挂着一幅组织结构图。他总能在很短的时间内毫不费力地找出组织中的任何规章制度和程序。

官僚讨厌模棱两可的东西，主张所有的事情都要以文字的形式规定出来，而且责任分配也要清楚地标出。他很慎重地进行组织，对细节问题记得一清二楚。他很忠诚，不会轻易改变结构。

官僚尽量避免出现变动，能够很聪明地找出理由来抵制新项目的出台，这使得他变成了一个议事阻碍者。尽管如此，组织还是得完成任务，组织中那些被指定去完成任务的人往往绕开他的阻拦而去实施变动。

> 行政管理意味着不把矛盾冲突看作是一种合理的社会现象。他希望再少些极端情况，希望求同去异，希望找到一种最好的方法，然后仅仅使用这一方法。
>
> 摘自查尔斯·瑞奇《美国的再生》
> （纽约：兰登书屋出版社，1970 年）的第 50 页。

官僚们总是把他认为好的结构和细节强加到他关心的组织和工作中去。他喜欢所有的事情都有序进行。就是这种官僚倾向给组织增添等级色彩。

与“独行侠”的区别在于，“独行侠”都是大忙人，关心做什么而不是怎样做。官僚们则花费无数的时间来思考行政管理的细枝末

"I' m sorry. My responsibility doesn' t go beyond this bubble."

Drawing by David Pascal; © 1976
The New Yorker Magazine, Inc.

节。他更关心“事情该怎样做”，而不是“该做什么事情”。他宁愿正确地做事而不去做没有规定的事。如果他的下属不按规章办事，即使这是完成任务所必需的，他也会谴责他们。他总是有理由——通常是陈旧的，且与组织的目标无关的理由——来说明为什么不可以触动整个体系。他认为自己是系统的捍卫者，却把系统的目标看作是第二位的东西。

官僚们，或者“**A**”型管理者，总是始终如一地贯彻行政条例，即使某些时候没有必要去遵守，因为它偏离了目标本意。“**A**”型管理者主要且惟一的任务就是落实计划的完成，而不管这个计划是否明智，是否遵守道德伦理。

在阿多夫·艾奇门的案例中，某个“官僚”屠杀了6名犹太人却被无罪释放，就是这样一个极端例子。艾奇门认为在第三号瑞奇事件中他只是个列车管理员。铁路的一端是受害者住的地方，而另一端是集中营。但他认为后果与他无关。他的责任只是保证列车准点开出。

行政管理是一个好的管理体系中不可缺少的部分，但是过分地强调行政管理会降低生产效率。

与“独行侠”不同——他们总是上班最早，下班最晚，官僚们总是准时上下班，他们的办公桌总是相当整洁。

只要取得绩效，即使下属违反了程序，“独行侠”也是可以接受的。然而，官僚只关心绩效是如何取得的。为了描述这一区别，我们以一个优秀的销售人员为例：如果一个销售人员为一个“独行侠”办事，当他告诉上司他所做的事情时，“独行侠”只会说：“好，好，以后再告诉我。”这个销售人员将不再作细致的说明，而官僚则不同，他会详细地询问销售人员每个销售细节，然后找出违反规则和程序的地方。只要他发现了一个，就会按规则行事。从这点看，官僚根本不重视结果，他关心的只是这个销售人员的违规行为：一个销售人员居然敢违反公司的准则和程序？

为官僚工作的员工是典型的唯唯诺诺的人。别人吩咐怎么做，他就怎么做，从来不创新，也不提出自己的观点和看法。他们从不问问题，也不敢去触动上司。他们准点上下班，在上班时间里，几乎不干其他的任何事情。

在赫曼·欧克的《克恩的背叛》一书中，我们可以从奎克船长身上找到官僚主义的极端例子。奎克船长晋升为海军军官，并不是因为他很会驾驭船只，而是因为他遵守规则。他自己这样说："我并不想假装自己最聪明，最灵活……但是我告诉你，先生，我是一个极其顽固的人。我曾经努力地完成过比这个更艰难的任务。在公开的比赛中，我没有赢过，我会抱怨，哭诉，要求重新开赛直到我把任务完成……"

在一次台风中，奎克船长宁愿沉船也不愿改变预定的路线。奎克船长也不想让他周围的人多想什么。他是一个官僚，即将成为一个无用之人（见第 6 章）。

"独行侠"以他工作的辛苦程度，以及他取得的绩效来评价自己，而官僚评价自己的标准则是他将系统控制得有多好，他成功地排除了标准操作程序中的违规现象，使不确定性降到最小程度。正因为如此，他很容易成为帕金森定理的典型例子。他手下干同一工作的人越来越多，生产率却没有得到明显的增加。惟一明显的创新就是越来越多的人卷入一个越来越大的体系中，设计更多的程序来进一步控制那些已经控制过度的事情。

在一段时期内，由官僚管理的部门往往在做相同的工作，但是会有越来越多的复杂程序来保证最大程度的确定性和最小程度的不确定性。这种行为阻碍了创新，因为迅速蔓延的官僚主义会使创新的成本越来越高。因此，"独行侠"和官僚都阻碍了组织的有效成长。"独行侠"不能有效地完成额外工作，因为他只能做一定量的他能独自完成的工作。官僚不允许有效的创新，因为他认为创新是对他控制能力的一个威胁。

当官僚脱离组织后，这个组织由于长期被管制得很严，以致它很难适应内部和外部环境的过度创新。在一个官僚体系里，创新是很不容易的，需要通过"外科手术"来进行创新，解雇不胜任的员工，注入"新鲜血液"。从这种创新中恢复过来是要花费很长时间的。一个新的管理者在试图改变已经制定出来的程序时可能会面临很大的困难，甚至他自己也不得不去适应新的规则。

“独行侠”和官僚都在滥用他们的闲暇时间。当“独行侠”有空闲时（很少会有这样的时间），他又回到“救火线”上，或去做销售，或去接听电话。官僚则利用他的闲暇时间来找出他还没有发现的违规情况。然后，他极其热心地设计新的表格，新的报告和新的政策以阻止类似的违规情况的再次发生。官僚是通过“条条框框”来管理，他的空余时间都花在写这些条条框框上面了。

官僚的下属的行为方式与“独行侠”的下属不同。“独行侠”的下属总是来回奔波以等候被差遣和分配任务，但是，那些官僚唯唯喏喏的下属职员做的事情却有点危险，他们经常捕风捉影地抨击组织。属下有可能会撒谎，误传信息，以及作虚假报告，为的是向他们自身或他们的管理者证明该体系是不可控制的。

“独行侠”几乎不召开员工会议。他召开的极少数会议也是非正式的，且参加人数不多。他的典型程序就是告诉别人“马上”要做什么事情。

而官僚的会议召开方式则完全不同。他定期召开会议，而且人人都要参加。会议事项很多，秘书争分夺秒地记录，而且上一次会议的结论在这次会议还要重新讨论并进行投票表决。会议虽然是有序的，但也是乏味的，官僚总是抓住无数的细枝末节不放。大部分的与会者觉得讨论的东西没有什么意义，而官僚却认为所有的事情都是至关重要的。为了不让某方面出差错，任何事情都不可搁置一边。人们也讨论任务，但不是强调它们的目的和有用性，而是关注这些任务怎样才能完成。

官僚喜欢培训。他希望能把所有人都程序化，使所有的事情都有例可依，有据可查。战略计划通常包括风险分析和机会分析。对官僚而言，战略计划最好是一种预测行为，且这种预测以过去为基础。官僚几乎看不到任何机会，而且他把创新看作是一种风险。而“独行侠”则对战略风险和机遇表现得无动于衷。他完全陷入忙于“立刻”

要做的事情中去了。

官僚不喜欢冲突和创新。官僚认为员工之间的冲突会“动摇整个公司”，并且危及他对整个系统的控制。因此，他选择远离冲突。但是，在组织的运作中总会有创新发生，这是他无法避免的。这种创新对大部分的官僚来说是一种风险，所以这些官僚总是有理由来和创新作斗争。

一个曾经与计算机管理员和会计一起工作过的咨询专家告诉我，他们对预算作改变就好比生小孩。花了好几个月才发生，而且还付出了巨大的努力。

官僚拥有行政管理者的所有特征。其特征主要是“怎样把事情做好”，提议一项预算可以需要上百个步骤，雇用或解雇某个人可能会涉及到十几个步骤，使用十几份表格等等。

如果一个组织有创新，那么它肯定会受到官僚的抑制。他雇用像他一样的人——准时上班，准时下班，不制造麻烦的人。

> 一想到有一天这个世界到处都是小人物，这些只能干小事却又努力挣扎去做大事的小人物，在我们目前的行政管理体系中，尤其是在我们的后代和学生中发挥越来越重要的作用，我就觉得很可怕。对官僚主义的这种激情足以让人绝望。
>
> 马克思·韦伯

行政管理是管理过程中的又一必要的方面，但就其自身来说，对有效的管理而言是不够的。读者很容易把管理者定义为优秀的行政管理人员，他们保证下属完成任务的同时遵守规则并达到企业目标。但他们并不是完全的管理者。他们只是实施给定的计划，自己却不主动制定新的目标，追求新的境界。企业家的 **E** 角色才能表现出管理的创新性和主动性。

官僚风格的概括

个人风格

角色:执行者,监督者。
如何胜出：使事情井然有序。
关注焦点：工作如何完成。
最明显的个性特点：有良好的组织性，动作缓慢且小心翼翼，有思想，保守。
评价自己的方式：组织有多平静，控制得有多好。
典型的抱怨：有人违反了规则或程序。
决策：紧跟现存的决定。
如果他有闲暇：他会想出新的形式，控制方法等等。
他的雇佣偏好：唯唯喏喏的员工或像他一样的人。

下属

下属的风格：唯唯喏喏。
得到提升的部下：有组织性且从不违反规则。
下属因何而受到谴责：过程，几乎不关注结果。
下属不会告诉他的事情：组织违规行为。
下属的不正常行为：抨击系统以证明它不能被控制。

时间管理、员工大会和管理方式

他到达和离开：准点。
召开员工大会的频率和提前通知情况：频繁，有秩序，定期。
员工大会出席要求：监督，要求出席并点名。

员工大会会议事项：冗长，详尽，固定，微不足道。

谁在员工大会上发言：以一对多，多数是上级对下级；询问一些有关如何完成工作的问题，详细地讨论细节问题。

培训：过度培训，细节太多。

对系统管理的态度：只要它意味着更多的控制和程序，就接受它；但多数情况下，把它当作一种预测；只看到威胁却看不到机会。

对矛盾的态度：忽略或抵制，看它是否威胁到他的控制。

对创新的态度：抵制它因为他害怕失去控制。

他喜爱的信息类型和关注焦点：行政管理，但不与别人分享。

创新焦点：贯穿整个组织；当它出现时就加以阻止。

对其他管理者的态度

生产者（独行侠，**P**）：有资格的批评。

行政管理者（官僚，**A**）：赞同。

企业家（纵火犯，**F**）：痛恨。

随大流者（随大流者，**I**）：怀疑。

木鱼式管理者：忽略。

教科书管理者（**PAEI**）：有条件的赞同。

第4章

--E-:纵火犯

企业家的角色

在一个时刻变化的环境中，组织需要不断地提出新概念、新观点才能生存下去。组织必须能够处理好面临的机遇和困难。

在一个时刻变化的环境中，一个好的管理者所做的事情不仅仅是创造绩效和确保让别人创造绩效。他（和她）同时必须是企业家，是行动的发起者，能够领导创新，使组织适应环境的变化。

企业家分析的是环境的力量对组织的影响。他分析组织的优势和弱势，制定行动方案以最好地适应外部环境的变化。

企业家并不限于工商业领域。事实上，我们这里的企业家不只是能够尽可能地利用市场商机的经济导向型的企业家。在我们的后工业化的大环境中，还有其他类型的企业家，而且他们的重要性正在与日俱增。他们当中，有推动社会和政治领域变革的社会企业家，也有推动活动以满足现有的艺术需求以及开创新一代潮流的教育和艺术企业家。

> 理性的人适应环境，非理性的人让环境适应他。因此，所有的进步都是非理性的人努力的结果。
>
> 乔治·伯纳德·肖

行政管理者只是实施某个给定的计划或落实某项决议，而企业家必须设计自己的行动计划。在一个时刻变化的环境中，如果一个企业家不能创新，不能承担风险，那么他的组织最终会落后于其他更强的竞争对手。

因此，行使管理职能的行政管理方面不涉及任何风险，但担任企业家角色的管理者必须愿意承担风险，而且必须有足够的创意来制定可能的行动方案。

> 如果你不投入一枚新的镍币到机器里，你就别指望中头彩。
>
> 菲利普·威尔逊

如果一个企业家没有创造性，那他最终只能是个行政管理者，需要别人来告诉他做什么。如果他不能承担风险，那他最终只能是个参谋、咨询专家或者教学研究员，能够制定可能的行动方案，但他自己却不承担风险。

> 风险可能导致失败，但没有风险的也就不用承担责任。
>
> 玻兰

既然创造性和风险承担者相辅相成，缺一不可，那么我们来想像一下有创造性但不承担风险的人和承担风险但无创造性的人。咨询专家就是那类有创造性但不承担风险的人，他们只是给别人提供创意但自己不敢去做。另一方面，没有创造性但敢于承担风险的人，与其说是企业计划者，还不如说是赌博者。成功的企业家角色既需要创造性，又需要承担风险的能力。

纵火犯风格

> 全速向前——待劳无功

企业家——有创造性和愿意承担风险的人——是 **PAEI** 模型中的第三类角色。但是，如果企业家角色脱离了其他三种角色，那将出现什么情况呢？也就是说，如果一个管理者仅具有 **E** 风格会怎样？这种管理风格是：管理者的精力全部投入到改革中，挑战任何其自身组织难以到达的目标。

对于这种管理者的下属而言，星期一的早晨是一周内最忙的时候。历经一个周末，管理者可能又梦到新点子，到星期一早上，改变先前的主意，分配新的任务（忘记了他已经分配的任务），然后希望下属立即去执行。

只要有机会出现，这种管理者就会试图利用它，然后使他自己和组织都卷入这场“机遇”中。他带着新点子和新方法来到一个组织中，然后试图同时改变任务的“内容”和“完成方法”。

如果说 **P** 角色——或“独行侠”是一个消防队员，那么 **E** 就可以称作是一个“纵火犯”。如果“独行侠”病倒了，那肯定是“纵火犯”造成的。

纵火犯喜欢目睹由于他的发动而带来的那种狂热。他喜欢紧张的气氛，当他的下属来回奔波，力图处理他制造的危机时，他就会很高兴。他通过制造危机最大限度地追求短期影响。

有了这样的管理者，任何艺术组织的预演总会来不及。创造过程必须在有压力的情况下才能进行，员工被迫两班或三班地工作，而且在执行任务时，关键的细节问题总是举棋不定。那些喜欢高度结构化环境的人会被他的行为弄得疲惫不堪。

纵火犯对什么样的人能完成什么样的任务几乎没有什么概念。如果“昨天”没有完成目标，他就会沮丧恼火。他如此地相信自己的创造力，以至于如果没有取得很大的成就，他就会急躁，不耐烦。

他的下属很快就学会了在完成他布置的任务过程碰到问题，千万不要求助于他。如果他的下属去求助于他，结果不是解决问题，而是他对整个任务做出改变，然后使他的下属不断地面临新问题。

下属回避纵火犯和官僚式的管理者有不同的原因。他们回避后者是因为他总是不断地告诉他们不应该做什么。而下属回避前者是因为他总是不停地分配新任务，忘记了先前早已分配的任务，而那些任务已经满满地占据了下属们的时间。

即使是善意的下属也会发现很难遵循纵火犯的批示和命令。纵火犯分配任务时总是说得含糊不清，但又不能说出细节，于是将这些细节问题留给他的下属去解决。威尔·罗格斯讲的一个笑话就很好地描绘了这种情况。

在第一次世界大战时，盟军无法对付德国的潜艇。海军请来了一个咨询专家，这个专家分析了整个形势，然后建议把海水加热到 180 摄氏度。他说这样可以使德国的潜艇浮出水面，然后就可以随心所欲地向它开炮。海军认为这是一个好主意，但不知道如何加热海水使之升温。他们向专家提出这个问题时，这个专家回答：“我只是一个计划者，那些都是细节问题。我已经做出了计划，细节问题就留给你们去思考。”

典型的纵火犯总是提出稀奇古怪的例子，然后希望别人去决定如何实现它们。如果别人追问他具体事项时，他就会很恼火。

官僚管理的组织有可能会实现目标，尽管他的管理有失偏颇，因为别人可能会绕开他去完成工作。但是，纵火犯式管理者管理得越辛苦，他的组织就会越落后。他总是使其余的人忙忙碌碌，而组织却不知向何处发展。他改变方向太过频繁，而且他的下属也不合作。纵火犯式管理者注定会失败，因为一个组织的发展方向是不能时刻改变的。

我们可以把一个组织看作是一系列的网状齿轮。管理者是一个大齿轮，周围有许多小齿轮。他的下属和下属的下属都是那些小齿轮。“大轮子”稍微转动一下，“小轮子”就要使劲地转。

如果“大轮子”是纵火犯，它不停地改变方向，那么“小轮子”就得不停地运动。最后，小轮子的齿轮剥落了，就剩下大轮子在旋转。因此，纵火犯的典型抱怨就是：“什么事情都干不成。”遗憾的是，他没有意识到这个局面是他自己造成的。

从管理者下属的行为可以判断他的管理风格。在会议上，纵火犯又在提出自己的最新观点，而他的下属则坐在那里，狡猾地看着彼此的脸，露出心照不宣的笑容。事实上，他们根本不打算按照上司的说法去做。为什么呢？“大轮子”不久又会改变方向。

纵火犯的下属已经学会不要把他说的话太当作一回事。他分派的任务，他们并不打算完成。但是纵火犯的下属也知道不要当面抵制他的任务，因为他总是从自己的创意来评价自己，所以他会把下属对任务的抵制看作是对他个人的抵制。因此，下属知道努力完成上司的任务是没用的，但他们也知道不要拒绝任务。他们的办法就是先接受任务，但并不花时间去做，在没有完成任务时就编一些很有新意的理由。他们总是力图表现得很会合作，而实际上并非这样。纵火犯的下属总是在辩解“为什么任务完不成”而不是“为什么他们没有尽力去做”。

只要上司在跟前，下属们就必须工作，上司一离开，他们也会立刻离开。只要一看到上司，他们就会假装在忙上司布置的项目。在一个“纵火犯”管理的公司里，副总经理总是坐在他们的办公室里“观看他们的指甲慢慢长长”，因为他们在等着老板下班，这样他们也就可以马上下班。如果上司突然探进脑袋问：“你们干得怎么样了？”

Drawing by McCallister; © *1976*
The New Yorker Magazine, Inc.

典型的回答就是："忙，忙，忙。"如果你不告诉他你有多忙，他肯定会让你忙起来。

"纵火犯"式管理者对下属的印象是下属对他布置的任务兢兢业业地对待，而且无论何时何地去检查，他们看起来总是忙忙碌碌。但是，如果他对任务不提出要求或者他离开了办公室，他们就会立刻停止手上的工作。这种情况与另一个战争故事很像。在一次世界大战时，一个意大利上尉从战壕里钻出来，穿着一件天鹅绒制服，戴着一顶羽毛装饰的帽子，拔出军刀在空中挥舞，歇斯底里地大喊："冲啊！"同时，战壕里的士兵们有气无力地拍着手，低声叫："好……"显然，别人并没有把上尉当回事。而纵火犯也是这样。

"独行侠"的下属总是来得比他晚，走得比他早。工作时，他们总是在等待命令和差遣。他们知道，如果在下达任务时他们能随叫随到，就可以长久地留在公司。官僚式管理者的下属知道只要他们准点上下班，遵守规则，不去问太多的问题，他们的工作就很保险了。

只要纵火犯在场，他的下属们就必须表现得非常忙碌。然而，没有人知道他什么时候出现或什么时候离开。在晚上七点钟时，他有可能会突然出现。所以他的下属总是想方设法地猜测他什么时候出现以使他们可以在他之前到达——并不是因为有工作要做，而是把它当作一个战略防御工具。

纵火犯总是让他的下属很忙，但是他会抱怨他们没有效率。他拒绝承认是他让目标不停地改变而导致了他们的无效率。然而，只要他的下属在忙，他就很满意。

如果"独行侠"(**P**)的下属是一群"追求者"，官僚的下属是一群唯唯诺诺的人，那么典型的纵火犯下属（**E**）是一群捧场者。[1]

"纵火犯"的下属必须赞同他的意见，或者至少在公共场合不要持反对意见，他在公共场所下被别人反对就像一个歌唱家被别人喝倒彩一样。"纵火犯"痛恨那些持不同意见的人，他不会轻易忘记别人对他的伤害。

当下属感觉到他的上司作决定不是很谨慎时，他应付上司的一个方法就是等到会议结束后，他就去上司的办公室，在那里，他可以静下心来与上司讨论他的决策，越详细越好，因为"纵火犯"最讨厌细

1 捧场者就是歌剧院雇佣的，在一首歌唱完之后带头鼓掌，使其余的观众也一起鼓掌的人。

节问题了。为了完成一项新任务，组织必须考虑优先权的问题。因为做任何事情都是有代价的。这就是“机会成本”——在实施一个项目所需的资源已经被别的项目占用时，就必须要放弃其中的一个。这时，下属就可以让他的上司作决定，这也是他的上司不愿意做的事情。他喜欢使事情“悬而未决”。

一旦“纵火犯”相信他的下属在埋头苦干他分配的工作，他通常会让他的下属去做他认为最好的事情。“纵火犯”关心的不是工作是否完成，也不是工作如何完成，而是所有的人是否都赞同他分配的工作。他对过程和创新感兴趣，对结果却不一定在意。他关心“为什么做”，而“独行侠”则是关心“做什么”，官僚式管理者关心“怎么做”。

> 如果一个人什么事都不必亲自去做，那么在他眼里就没有不可能完成的事情了。
>
> 来自托马斯·马丁，玛丽斯
>
> （纽约：麦克-希尔出版社，1973 年）103 页

“独行侠”的下属在工作中遇到了麻烦，就会求助于老板，而老板会叫他的下属把问题留给自己。但是，很长时间内，这个下属从老板那儿得不到任何音讯，同时问题又加剧。因此，对下属而言，最好的办法就是自己想出解决问题的办法。

如果官僚式管理者的下属遇到了麻烦，他必须向老板说明这是由于违反规则而引起的，否则它就不算是麻烦了。那么，这个下属提出的解决方案必须要用到很多程序。他必须申明，他提出的解决方案以前用过，只有这样，它才能被再次使用。然后，他就把它写成正式的书面文字。只要对管理者有好处，他一定会同意。

然而，“纵火犯”决不会长时间地坐在那儿等待你提交问题。在下属将问题描述出来以前，他就想好了解决方法，但是这个解决方法

引起的问题可能比先前需要关注的问题更难处理。

一个高级执行官运用以下方法来对付他的“纵火犯”老板。“首先，告诉他问题，简单叙述，突出要点，这样他才能把它听完。然后把你自己设计的解决方案给他，故意出现一个或两个明显的错误。他将会抓住这个错误，改正它，然后加一个或两个他自己的观点，你后来可以不用管它，然后离开。既然他总是要修改你的方案，你何不以你自己的方式给他这个机会呢？”

在“独行侠”（**P**）或官僚（**A**）面前，“故意的错误”对下属而言不次于灭顶之灾。**P** 会说：“我知道你是干不好事情的。把它放在我的桌上，今晚我来修改它。”从此，这个下属再也没有解决问题的机会了。**A** 则恨不得把下属撕成碎片：“你居然犯这么明显的错误。”

“纵火犯”通常是可爱的，因为他敏锐、进取而且充满活力。起初为他工作会感到兴奋，但后来人们发现一事无成，管理者也不满意。因为他总是在前一个项目还未完成时他又提出一个新项目。

“纵火犯”他自身并不创造绩效，尽管他对下属的错误非常挑剔。“独行侠”评价自己的标准是工作努力程度，取得了多大的绩效；官僚评价自己的标准是自己有多大的权威性和控制力；“纵火犯”评价自己的标准则是他的下属工作看起来有多卖力。他总是从生产的表面现象得到安慰，这种蜂窝式的活动氛围可以证明他那些有创意的观点带来了影响。

如果“独行侠”的下属在他们的办公桌旁安静地工作，“独行侠”是不会注意他的，因为他在忙他自己的工作。相同的情况下，官僚就会到处寻找他能控制的小细节或小问题——地板上有个烟嘴或小灯泡。他会问他的下属：“一切都好吗？”他们就会回答：“是的，先生。”

但是，“纵火犯”就会很沮丧。他讨厌安静的环境。一旦没有危机，他肯定会去制造一个。

“纵火犯”就像一个演员——他总是在不停地表演。他热切地需要观众，而且他通常很厌恶孤独。所以他时时刻刻召集会议。大家正在做事或正在准备回家时，“开会的时间到了！”谁在会议上发言呢？显然是“纵火犯”。会议事项只有一个内容，“纵火犯”不停地说，而他的下属则安静地坐在那里，表示赞同。

“纵火犯”要求下属死心塌地地忠心。他没有周末或假期，他也不允许下属有假期。对他而言，一个好的下属从来不休假。他希望他的下属能够随叫随到。

对“纵火犯”而言，计划并不意味着给组织设计行动方案。计划只是表达他想做哪些事情。他的计划方式与官僚完全不同。官僚认为计划是“预测”，只要第二年的预算比前一年的预算低，计划就达到了。如果“纵火犯”编制预算，那通常是不现实的。他经常不知道去年发生了什么事情，而且他希望第二年发生很大的创新。另外，他发现制定高的目标是一个使下属忙的团团转的好办法。

“纵火犯”的计划方法与“独行侠”的也不同。“独行侠”通常既看不到机会也看不到威胁，因为他总是忙于他手中的工作。他如此地沉迷于“救火”工作以致他根本意识不到他周围到底发生了什么事情。另一方面，“纵火犯”通常只关注机会，对威胁却视而不见，他甚至会由于抓住太多的机遇而给组织制造了威胁。正如南斯拉夫的一句谚语说的那样，“白天辛苦做的房子，晚上一把火烧掉了”，它的意思是说，管理者会制定错误的计划而使组织辛苦积累的利润倾刻化为乌有。

> 一失足成千古恨。
>
> 查尔斯·克里斯托夫·马克

管理者应该在变化的环境中识别风险和机遇。他应做出计划来发挥组织的优势，避免的弱势。目前提到的这几种管理风格还没有哪一个能做到这一点。“独行侠”、官僚和“纵火犯”在做计划时都不是无可挑剔的。

一个下属这样描绘他的“纵火犯”型上司（陈述被精简，解释如下）：

> 我讨厌看到他度假，回来后星期一早晨也是同样糟糕。我知道，只要他一回来，我们就会面临一系列新的待办事项……我们总是处于不停的创新之中。我的头衔、职位、责任变化得如此之快，以致我根本就无法把握它们，如果你正试图反驳他的意见，他就会找出一堆信息、数据和引证——凡你想到的——来证明他是对的。他似乎热衷于变戏法，就像魔术师一样摆出一堆的证据来证明他的项目绝对是最好的。而且，如果你不明白这个项目与先前的项目到底有什么关系的话，那就是你的错了。后来，我们屈服了，没能理解这完全是我们的错。你提出一个建议时，他会提出一堆的理由来反驳它，而事实上，这堆理由是他第一次提出那个建议时，你提出来反驳他的。最糟糕的事情就是你提醒他的，是他曾经说过的。
>
> 如果你提出一个项目建议时，他会立刻找出一百个理由来告诉你这件事情为什么不能做。但是一个星期后，他会想出一个和你的建议一样的观点。这次，他以自己的名义提出这个观点，他会把它作为一个最优先的项目马上实施，他还会生气，为什么以前就没有人想到这个点子呢？
>
> 他喜欢别人围在他身边，忠实地倾听他的意见。一旦他们离开，他就会气急败坏。他必须有听众，无论是秘书还是副总经理，都可以成为他的听众。上班时间结束后，他的听众还不能离开。我们不得不付出这样的代价以表示我们很重视他的意见。可他的许多下属已经离职了或者将要离职，就因为他所要求的那种说一不二的忠诚。
>
> 他经常一下子想出五六个新点子，然后召集大家到办公室，听他描述他的新项目。你必须决定要去做哪个项目以及怎样做这

个项目。不一会儿，他只剩两个项目没有讲完，这时你应掏出备忘录，以表明你会为他的项目做点什么，而且你在为他的下面即将提出的意见做准备。但是千万不要表现得过分热情和兴奋，因为第二天他就可能又会有新的项目，而且当他发现你正在为最近的项目忙时，他会非常沮丧

他似乎有超凡的体力，他经常让你觉得自己前后不一致。如果你做的项目失败了，他会告知是你误解了他的天才创意。总之，愚蠢的是你，他的点子是如此的简单。

你只能向他汇报你的成功。一旦你碰到了问题，他能倾听，但是当他帮你解决问题后，你很可能要接受十个新项目，面临的问题比前一个项目多十倍多。

在华盛顿工作的一个“纵火犯”型管理者的下属这样说道：

“决不要反对他的观点。如果你这样做了，我敢保证，他一定会回来问你该怎么做，他不会轻易放弃他的观点。为了让他忘掉你以为不好的意见，你得反过来赞成他。开始为他的项目工作，然后给他一份详细的计划。计划非常详细以致他看不出哪里体现了他的观点。他有可能会叫你把计划扔进后面的火炉里。他讨厌详细的东西，这是你如何抛弃这些不好的点子的方法。”

我的一个朋友就是一个典型的“纵火犯”型管理人员。他频繁地换工作，特别容易厌倦而且喜欢挑战。有一天，我和他一起去打网球。他的妻子拒绝加入我们，“他会让我很紧张”，她说，“和他在一起，无论你怎么做都不可能赢。”

不久我就明白她的意思了。在他的游戏里，他是不可以被打败的，他并不是通过玩球取胜，他甚至根本不得分。对他而言，重要的是如何击球，而且每次击球的方式都不同。他把球击出场外后，会露齿一笑，说：“你看到了吗？很棒吧！”对每个球他都有创新。我只是站在那儿，把球打回去。他的妻子是对的——我们玩儿同一个游

戏，却遵循不同的游戏规则。

另一方面，“独行侠”总是拼命地争取得分。在比赛结束时，他会为得分大声呼喊。如果他错过得分，他会诅咒自己，狠狠地诅咒自己。官僚则按书本上的规则来做游戏，每一步都会按别人教他的去做。“我应该怎样做好它呢？”他会不断地问道。

在个人主义方面，“纵火犯”很像“独行侠”，但是“独行侠”是去实施别人给他的计划，而“纵火犯”则是制定计划让别人去实施。

“纵火犯”的个人主义导致了决策的集权，但是他的决策是一种有趣的螺旋式管理。他的政策极其含糊，然而他希望别人完全按照他的愿望来设计细节问题，但是这些细节他从来就解释不清楚，甚至起初根本就没有意识到。

由于“纵火犯”不断地“做梦”，所以他总会不停地改变他的计划。而且，他希望他的下属能紧跟他的最新理念和观点，即使他自己不能把它很好地描述出来（因为他从来不善始善终），这使他的下属处于一种很尴尬的矛盾中。他们不能理解他们负责的项目，他们没有权力真正地实施那些计划。然而，他们又不能宣布免除责任，因为“纵火犯”认为缺乏责任就是缺乏忠诚度，与叛变没有两样。

因此，下属必须表现得很内疚、很自责，以表现他们的责任心。如果没有完成任务，他必须承担责任而且要向上司表明失败是因为不可控制的原因造成的。然而，内心里，他知道他不需要承担责任，如果老板是理智的，即不要时刻纵火，不要不停地改变主意，而且能够详细地解释他的想法，那么任务就会很容易地完成。

所有的这些使“纵火犯”的下属生活在一种尴尬的矛盾之中，他们在公共场合说的一套与私下里想的完全不一样。

尽管“独行侠”和“纵火犯”一样喜欢自己单独做出所有的决定，但他对组织的影响与“纵火犯”不同。他的计划通常是带战术性的，所以对组织的影响很微小。而且，他分派任务，下放权力让别人去实施，尽管他后面做得不好——他不解释也不关注任务应该如何完成。他希望任务在一定的时间内完成。因此，他的下属必须作好准备，他们拥有自己的权力完成工作。

“纵火犯”之所以关心“怎样做”，是因为他希望用他最新的方法来实施他的创意。另一方面，官僚对“怎样做”的兴趣所在是他希望永久地保护那套流程，而且保证任务是“按常规”在实施。他只是在捍卫体系，而不是改变它。

“纵火犯”喜欢矛盾冲突，他经常制造矛盾，使组织处在一种狂乱的状态中。基于同样的理由，他也喜欢创新。

人们可能希望从“纵火犯”式管理的组织中找到创新性，但是情况刚好相反。“纵火犯”垄断了企业的创新，他把别的创新家看作是它的对手而必须被排除。“纵火犯”管理的组织不具有创造性，也没有灵活的结构，就像一艘载着奴隶的船——一群捧场者。“纵火犯”制定方案，改变方向，以下属的痛苦为快乐，而且不择手段地渴望成功。

在某些方面，“纵火犯”有点赞同“独行侠”，因为“独行侠”（**P**）为组织辛苦地工作，但这种赞同是有条件的，因为“独行侠”没有时间听“纵火犯”大讲特讲，而后者却很需要听众，“纵火犯”与在下一章就会提到的随大流者相处得很好。

“纵火犯”与“独行侠”和官僚一样，把一个管理不善的组织传给了继任者。“独行侠”留给继任者的是一群没有得到训练的下属，官僚留给继任者的是一群既没有创造力又害怕承担风险的下属。

当“纵火犯”离开时，这个组织已经步履维艰，它的员工早已精疲力竭。他们在想什么人都比“纵火犯”要强，他们渴望安静、平和和稳定。结果，他们又陷入官僚状态，因为他们需要这种管理方式。

“纵火犯”风格的概括

个人风格

角色：创新家，企业家。
如何胜出：有新的点子和项目。
主要行为：创造新的项目。
关注焦点：项目的新颖之处是什么？该如何实施？。
最明显的个性特点：热情，敏感，具有超凡魄力，有创造性，易兴奋。
评价自己的依据：狂热氛围的存在；生产率的高低，在危机时的表现。
典型的抱怨：“周围的事情没有做完”，“他们实施的不是优先项目”，“他们不懂得我想什么或我说什么？”
决策：临时的、非长久的任务，有始无终。
如果他有空闲：为组织制造一个新项目或危机。
他的雇佣偏好：捧场者；在任何时候都听话的人，不是像他一样的人；喜欢热情地接受他的最新观点并能马上理解的人。

下属

下属的风格：捧场者。
得到提升的下属：看起来热切地遵照指示，辛勤地为项目工作。
下属因何而受到赞赏：看起来工作很认真。
下属不会告诉他的事情：为何一个项目不能实施。
下属的不正常行为：为业绩不好找理由。

时间管理、员工大会和管理方式

员工到达和离开公司：在他之前到达，在他之后离开；希望能随叫随到。
员工大会的召开频率和提前通知情况：频繁，即兴地通知。
员工大会的出席要求：必须出席。
员工大会会议事项：首先是他的最新点子，然后就是他的梦想。
谁在员工大会上发言：以一对多，上对下；不问问题，不分析细节。
培训：只要不耽误做他的最新项目的时间，就接受。
对系统管理的态度：避免和痛恨它；不想让自己涉入其中。
对矛盾冲突的态度：利用矛盾使下属处于狂热的状态；自己经常制造矛盾。
对创新的态度：多多益善；是他导致的他就喜欢，别人导致的他就抵制。
他喜爱的信息类型和关注焦点：机会和威胁，但不与别人分享。
创新中心：由他垄断。

对其他管理者的态度

生产者（“独行侠”，P）：有条件的赞同。
行政管理者（官僚，A）：厌恶。
企业家（纵火犯，E）：怨恨。
随大流者（随大流者，I）：喜欢。
木鱼式管理者：忽视。

第5章

－ － －I:随大流者

协调者的角色

我们在一个组织中需要有能力创造绩效，完成工作的人—**P**；还需要监督、组织、安排工作的人—**A**；需要识别和利用环境中的机遇的人—**E**。我认为，对于一个完整的管理过程而言，仅有这些是不够的。

在许多由**PAE**管理的组织里，当管理者去世或离职时，组织的业绩就会垂直下降。既然一个组织的生命周期比单个的人要长，那么一个好的管理者必须培养一系列的优秀人才以保证组织的持续发展。

公司是由员工组成的，管理者必须能敏锐地察觉员工的需要。因此，对管理者而言，具备团结员工在一起的能力是很重要的。要把员工召集在一起，允许他们表达各自的感受和观点，那就必须有一个能够统一所有人的意见或至少使大家都能互相妥协的协调者。这个协调者就是本章所要讲的管理者。他关注员工，关注疏通整个系统的运行，使其不受个人观点的局限，他从谏如流，而且善于整合员工的观点。

整合意味着通过个人的能力来做出一项决定，而这个决定切实得到了参与项目实施的员工或受到项目决定影响的员工的支持。整合就是将个人的事业心变成企业的事业心。

如果一个管理者不懂得整合，不培养进取精神，那么在极端的情况下，管理者就成了惟一知道做什么和该怎么做的人，而且，也是惟一发起此次行动的人。

> 相聚是开始，
> 相处是过程，
> 合作才能成功。
>
> 亨利·福特一世

如果一个组织依靠的是个人来维持成功的话，那么当这个人离开或去世时，它将面临一场严重的危机。许多公司都面临这种严重的困境，当它的核心人员——一个优秀的绩效创造者、行政管理者或企业家离开后，此时它的团队中还没有培养出睿智而有效的运行方式，那么对于有效率的和长期的组织运行而言，通过“整合”来创造群体性动力是有必要的。

协调者不仅保证了组织未来的稳定性，更重要的是，他能使组织目前运行平稳。管理时常会面临来自组织外部的需求冲突，而且，由于个人性格和不同管理者的观念均有所不同，组织经常会出现矛盾，包括管理在内的不稳定性将在第 10 章中进行详细的讨论。在这里，认识到要通过 I 角色或协调者角色来解决组织中的矛盾是很重要的。

整合就是将问题进行分类，找出这些问题的共同点，将它们进行对照分析，看它们的价值和冲突在哪里，分析它们的假定和预测是否存在分歧。

协调者（**I**）希望自己成为一个什么样的管理者呢？是一对一的协调者，还是一对少数员工的协调者，或者是一对多数的协调者呢？这要看他希望自己担任何种角色。一个整合管理者如果同时也倾向于**A**角色的话，在与员工交谈或收集数据来影响员工时，就会采用一对一的方式，但是，他的主要方式是一对少数职员（小群体）。只使用一对一的方式更符合生产者-协调者（**P-I**）的性格。

一个人不可能独自来统一整个社区和组织。观念和伦理是不能忽视的。对于那些不得不和员工打交道但又希望将他们协调起来的人而言，企业家角色（**E**）是不可缺少的，因此，可以发现企业家-协调者具有“一对多数”的倾向型。仅仅只履行**E**角色是不可能统一整个团体的，因为“纵火犯”想出的点子只适合他对现实的感知，而且常常会给他的下属带来分歧和冲突。只有将**E**角色和**I**角色联合起来，才能更大规模地领导员工。这种角色的联合将在附录中进行详细的讨论。在这里，我们关注的只是协调者的作用，激发下属的热情，制定行动方案将人员统一起来。

成功的协调者要让自己在组织中成为一个可有可无的人，就需要拥有一批可以替代他的下属。团体的凝聚力是如此之大以至于几乎任何一个成员都可以开展行动、监督项目和创造绩效。举一个军队的例子，如果一个班长遇害了，而这个班里的任何一个战士都可以替代他，那么这个班长就是一个很好的协调者。如果班长遇害后，班里的士兵都作鸟兽状散开，那么这个班长的整合工作就做得不够好，尽管在别的方面他有可能是个称职的长官。

整合角色必须具备以下几种能力才能把工作做好。协调者对别人很敏感，即善于从别人说出的话中推断他到底想说什么。他自身不存在自我主义的问题，因此能处理别人的问题，满足别人的期望和需要。

协调者角色是二个维度（消极和积极和三种方向的（向上、横向、向下）。

消极的协调者将自己融入到团队中，积极的协调者将所有人团结起来。在管理方面，整合必须是积极的。既然 **PAEI** 是一个管理模型，那么它关心的就只是积极整合了。

向上整合指的是整合（积极的）那些地位、权力、官衔都比自己高的人或是被这些人整合（消极的）。横向整合指的是整合（积极的）与自己同等的人，或被他们整合（消极的）。

向下整合指与职位比自己低的人一起工作。在一个消极的模式里，向下整合是指被他的下属接受。在一个积极的模式里，向下整合是指他在下属中间建立凝聚力，并以此来领导他们。

协调者的运作模式依据他工作团体的不同而各不相同。一个高效率的横向协调者可能是个不体面的向下整合者。在他的下属面前，他有可能表现得很自大。通常，一个积极的协调者不可能在各个方面都做得很有效率。

尽管 **I** 角色对于有效的管理过程而言是必不可少的，但仅有这一角色是不够的，如果一个管理者仅擅长于做整合工作，那么他的管理风格将是怎样的呢?

随大流者风格

一个纯粹的协调者不是企业家、生产者或行政管理者，他仅仅是将人员统一起来。我们称这种管理者为随大流者，因为他总是试图发现哪个计划能得到绝大多数人的赞同，然后他就利用这个计划将这些人的意见统一起来。也就是说，他并不是真正地在领导，他是在附和。

纯粹的随大流者没有自己的观点（没有 **E**），没有切实的目标去完成（没有 **P**），像官僚一样，他不关心生产什么，只要工作是按规则进行即可。随大流者几乎不关心他要整合什么以及怎样整合，只要是大多数人的意见一致即可，他没有自己的体系（没有 **A**），他总是附和那些容易取得一致意见的观点和计划。

随大流者只处理他人之间的事情。这样，他不局限在自己组织的范围内。随大流者对他人感兴趣更像是在组织内外展示自己。另一方面，随大流者插手本该由别人做的事情，而无论他是否关心别人。

在布雷克和马顿的管理矩阵中，**I** 类型的管理处于低层次任务度和高社会性的区间里（0.9），该区间有两个轴——任务轴和人员倾向轴。布雷克和马顿用这个矩阵来描绘管理行为。按照他们的模型，像随大流者这样的人总是极度地响应别人的想法，希望得到他们的赞同，为了不被别人反对，他从来不反对别人。他接受一项计划时，很可能是他的老板、同事或下属的观点，而不是他自己的观点，他很少充当建议者——这需要有主动的、积极的领导才能。

> 萨姆·芮波恩定律：
>
> 如果你想前进，那么就前进。

在会议上，很容易辨认出随大流者。假设在一项会议上，有四种不同类型的管理者——“独行侠”（**P**）、官僚（**A**）、纵火犯（**E**）和随大流者（**I**）出席会议。侃侃而谈的肯定是 **E**。一般情况下，官僚（**A**）会持反对意见，并表明为什么不能这样做。而“独行侠”（**P**）则一刻也不休息，他要么每几分钟出去接个电话，要么一边集中部分注意力在他认为是“浪费时间”的事物上，一边处理他的一些信件。随大流者（**I**）就在那里认真地倾听，谁说了什么？动机是什么？他总是在寻找别人话里面的潜在意思，试图识别在场的每个人的意图以及争论的焦点。他很少提出新的可供选择的意见，而且他不在乎别人改变他的建议，只要大多数人认为那是可行的。

如果没有做出一个全体一致通过的决定，并且随大流者是会议负责人的话，他会成立一个小组委员会来进一步讨论这个问题。他会推迟决定，等待全体一致通过的决定或妥协的出现。

如果说“独行侠”的下属是“闲汉”，官僚的下属是“唯唯喏喏者”，纵火犯的下属是“捧场者”，那么，随大流者的下属则是“告密者”和“加油壶”。他们的任务是使老板时刻掌握最新的消息，帮助他的上司“润滑”整个团队。他们必须站在前沿，把所知道的关于人员、职位、态度和意见的所有信息都告知他们的老板。

如果随大流者有空闲的话，他会利用这个时间来做社交工作，倾听别人的抱怨，并且促使抱怨者相信，情况并不像看起来那么差。

下属并不会告诉随大流者真正的、深层次的矛盾冲突，因为他没有能力解决它们，最终他只能作为一个心有余而力不足的旁观者。

随大流者希望解决所有的表面矛盾。当然，他自己肯定不去制造矛盾，他觉得这样会威胁到组织的团结，而团结是非常重要的。他把矛盾冲突带来的压力视为洪水猛兽，是对他能力的否定。因此，他总是努力地缓解压力，希望在短时间内使组织重新恢复团结的局面，而不管长期的代价有多大。布雷克和马顿也观察到了这一特征，他们认为，这样的人几乎不会制造矛盾，但一旦矛盾出现了，不管是他和别人之间的矛盾，还是别人与别人之间的矛盾，他会尽力使这种不好的感觉平静下来。当员工之间的那种压力出现时，随大流者总会试图去减轻它。

解释矛盾并不是任何时候都有用的。一个行动方案很好地满足了短期需求，但从长远看，可能对组织不利。在一个时点上，组织的某些成员达成的一致意见有可能满足他们的眼前利益，但却牺牲了组织的总体利益，也包括那些没有参加决策的成员的利益。管理者的一个重要职责就是要看到长远利益。随大流者不太关心未来利益，而是比较关心其支持者们眼前的利益。

贝尔把具有这种风格的人称为“取悦者”。“取悦者”总是努力地工作以博得别人的好感，他强烈地需要得到别人的认可，并努力寻求不会有矛盾冲突出现的人际关系网。因此，他不希望自己单独作决定。他依靠团队，不会独断专行。

在组织社会工作方面，取悦者是个好手，他利用他的幽默和才智来缓和压力。他对人很热心，而且很在意别人的感受。由于他喜欢取悦别人，所以他的观点很容易立刻就改变，即他总是在多数人的观点之间摇摆不定。贝尔引用了一个取悦者在一次董事会议上的讲话："我认为我们可以通过发行股票来寻找新的融资渠道，"而当别的董事提出反对意见时，几乎未做任何停顿，他马上就改口说道，"但是，我并不觉这个提议很好。"

取悦者对组织的效率几乎毫不关心。尽管他缺乏目标、方向和勇气，但他很得民心。一般地，由取悦者管理的组织总是有选择性地适应环境，但是它的业绩却低于平均水平，因为它不正式，对效率也漠不关心。

政客关心的是下一次竞选，而环保人士关心的则是下一代。随大流者显然是个"政客"。他不承担风险，不会为长远的利益牺牲短期的一致意见。而环保人士当前行动方案在短期内不一定被别人接受，既要获得一致赞同，又要造福于下一代，这意味着要承担一项结果不确定的任务，这涉及到风险，而随大流者（**I**）是不承担风险的。

短期利益群体热衷于在他手下工作，因为他从不为他们制定公司目标，相反地，他认为在某一时期里参与决策过程的所有人一致同意的目标就是他所要的目标。随大流者从不将自己的利益凌驾于组织的当前利益之上，而且他也不会为组织的发展制定方向，不会破坏已有的一致性。他不喜欢与下属对抗，不想因为制定的行动方案伤害了特定群体的利益而为自己招来对立面。他为组织制定的发展方向是组织所有成员乐意接受的方向，而不是组织面临各种情况时最有利于组织发展的方向。他总是问："大家都认为应该这么做吗？"他从不提出自己的建议，而是引述别人的观点："某某说……，某某同意……"

每种类型的管理者都有他独有的抱怨。"独行侠"抱怨他的时间从来就不够用；官僚抱怨有人违反了规则；纵火犯抱怨他的优先考虑的事项没有完成。如果随大流者有抱怨的话，那他通常会说有人没能很好地理解他。

下属对这类管理方式的反应既有热情的，又有冷漠和反抗的。那些能从组织中得到他想要的一切的人会很喜欢随大流者，另一方面，当公司的发展方向不利于少数人时，抵触就会出现。

在公司内部员工之间出现了权力之争时，随大流者会努力判断哪一方可能会赢。然后他“跳上乐队花车”，却假定正在领导游行。他希望各方都能做出妥协，以求团结。他不会使用别的尽管有争论但可以解决问题的办法——尤其是需要实力强大的一方做出让步的办法。

在随大流者的管理下，出现权力之争是很不正常的。他在不停地调和，而他的员工却在不停地明争暗斗。将这种情况与其他的管理类型作比较：在“独行侠”的管理下，权力之争是微不足道的，即使这种争斗存在，由于他太忙也不可能去理会它；纵火犯处理的方式就是要么召集他们，要么分开派他们去做最新项目；官僚则会忽略这种争斗，除非威胁到他的控制。如果是这样，他会尽全力去清除争斗；随大流者却助长这种争斗，因为他从来不提长远的、令人兴奋的、而且真正可以统一大家的方法，而是鼓吹多数人赞同的、短期的、易被接受的方法。当员工相互反对时，就使得他扮演的统一群体的角色变得不可或缺，从而奠定他在组织中的中心地位。

随大流者不是真正的统一群体。对于一个统一体而言，对共同目标的最大限度的认可是必要的。他感兴趣的只是立即出现的团结现象，其实并不是真正的团结。从长远看，他的群体根本就不能团结起来——因此，就出现了上面的不正常行为。

随大流者的管理对组织会产生长期的不利影响。因为组织改变目标或固守现状，主要依赖于其中的权力结构的转移，所以它缺乏一个统一的、前后一致的长期政策。组织要么就处于一种振荡的状态中，从一个方向转向另一个方向；要么就始终停留在一个行动方案上，而完全不顾组织的实际需要。对于一个有计划、有效率、适应环境的组织而言，两种结果都是不好的。

随大流者喜欢培训，但他的培训主要集中在人际关系上。他想知道谁对谁有什么看法，他希望所有的人在所有的事情上都能观点一致，达成共识。任何形式的培训，只要能提高他对其他员工的了解能力或者有利于团结局面的出现，他就会欢迎。

随大流者的下属很快就能调整他的内心想法。因此，只要他在场，他们就会表现得相安无事，很有人缘。记住，随大流者喜欢那些人缘好的员工。他们知道，如果要得到提升，就必须有好的人缘。最后，他的下属会向他隐瞒他们的真实感受，因为他们觉得一旦表现出真实感受，就会被别人加以利用。有时候，为了吸引注意，他的下属会制造谣言说，他们的团结局面岌岌可危，这样的谣言不仅可以立即引起随大流者的注意，而且可以“悄悄地打发走”他的同事。

“独行侠”和官僚的目标都是很短期的。“独行侠”想立即把事情做完，而官僚则想维护系统的稳定性和完整性。只有纵火犯才会有长期目标。然而，这些目标都是四分五裂的。随大流者不会真正为组织制定目标，他只是不停地寻求全体一致通过，他的行为就好比一群鱼顺着水流的主要方向游动一样。“水流”同样也决定了随大流者的方向，他是一个领导者，因为他发现自己总是处于“一个群体”的最前面。当整个群体改变方向时，他会问：“你们希望我把你们领导到哪里去呢？”

在法国战争时期，有一天下午，罗伯斯皮尔坐在一家咖啡店里，这时，一群雅各宾党人从旁经过。他急忙把酒喝完，说：“那是我的人。我必须跟着他们，看他们要去哪里，因为我是他们的头儿。”

通常可以从一个组织的决策行为看出这个组织的管理风格是怎样的。“独行侠”做出的决定通常是在技术层面的知识基础上做出的，他不希望浪费太多的时间来做决策，他希望快点做出计划，然后就立即实施。同样，官僚也不喜欢做决策，他希望能把决定以书面的形式记下来，然后他就可以决定哪些违反规则的行为应承担哪些相应的责任。这与纵火犯形成了鲜明的对照。他希望他的决定尽可能地扩散开，即他不会以文字的形式把它写下来，他不希望受固定计划的束缚和限制。另一方面，随大流者尽可能地避免做决策。一旦决策做出来了，他希望全体一致赞成。他几乎不单独做出决策。

管理过程要求对环境中的机遇和风险做出反应。“独行侠”是如此之忙，以致没有时间去发现机会和威胁。另一方面，纵火犯如此地沉醉于潜在的机遇以致看不到眼前的风险。“独行侠”制定计划的时间总是“下星期”。他拚命忙于救火而根本不管是谁在纵火。另一方面，纵火犯也讨厌计划，他希望有多种选择，保持松散状态，这样他就可以随意地改变方向。对他而言，计划就是做梦，想出点子，改变观点和时常地为他的点子而激动。他的计划就是他认为好的点子而不是可行的点子。

官僚把制定计划看作是制定规章制度的机制。对他而言，制定计划就相当于制定进度表、调节细节问题、设立控制点和建立报告系统。

随大流者乐意把制定计划看作是一个整合的工具，把它当作一次交流意见的机会，当作是一次提高个人思想的经历，员工可以表达他们的个人情感和期望，或当作是一个识别矛盾的机会，然后他随即就去解决。他可能会说：“尽情地幻想，你的梦想是什么？你的未来景象是什么样子？”他把有冲突的期望进行分类，寻找统一的方法，当然他解决的都是一些表面的问题，对于深层次的冲突，他没有能力去解决。

当随大流者们离开组织时，他建立起来的那种表面上的稳定可能会瓦解。不同的中层管理者可能会制定不同的发展方向，从而使组织四分五裂，通常就会由一个行政管理者来解决这个问题。实际上，他不是整合员工，让大家都做出适当的妥协，而是制定一套规章制度，强制大家遵守，而不管这样做是否对处于动态环境中的企业有意义。

共同特性

尽管四种管理风格（**P**、**A**、**E** 和 **I**）各不相同，但它们都有一个相同的特性，即他们都是不知变通的老顽固。表现出这种风格的人在他们的需求或行为方面往往表现得很单调。他们的思想是单一的，对于他们是什么以及在生活中应该做什么只有有限的概念。

固执单一的行为对组织来说是不利的，它会导致管理失效。但更重要的是，这种固执对个人以及他管理组织的能力来说都是有负面影响的。由此可知，任何一个只履行其中一种职能的人都会成为组织的木鱼式管理者、狂热者或殉职者。木鱼式管理者在下一章会讲到。

> 本书中描述的几种管理角色与威尔科逊定理中描述的几种角色有类似之处。威尔科逊定理认为，将任何团体或组织解剖开来，会发现有四种骨头：
>
> 后骨：总是在轮子后面辛勤地工作（生产者）
>
> 关节骨：挑剔其余所有人做的所有工作（企业家）
>
> 叉骨：附和他人的意见，但希望别人去做事情（随大流者）
>
> 颚骨：说得多，但别人不听（木鱼式管理者，或不承担任何角色者）
>
> 来自于托马斯·马丁，Jr. 马丽斯
> （纽约，麦克－希尔出版社，1973 年）第 66－67 页

随大流者风格的总结

个人风格

角色：随大流者。

如何胜出：达成一致，妥协。

主要行为：妥协，整合大家的意见。

关注焦点：什么是大家都接受的。

最明显的个性特征：圆滑、敏感、员工导向型；善解人意，一旦得到组织的秘密就会很感激。

评价自己的方式：在权力之争的过程中他的角色有多重要。

典型的抱怨：我们相处得不够好。

决策：只有当全体一致通过时才作决策。

如果他有空闲：他会寻找他能解决的新冲突（甚至是想像中的冲突）；散布谣言或收集信息，大意是此类冲突存在。

他的雇佣偏好：顺从的人，像他一样从不私自组织“小团体”的人。

下属

下属的风格：“阳光传播者”。

得到提升的下属：人缘好。

下属因何而受到奖赏：有人缘。

下属不会告诉他的事情：那些会破坏团结的真实感受。

下属的不正常行为：散布谣言以引起关注。

时间管理、员工会议和管理方式

他到达或/和离开办公室：准时，和预料中的一样。

下属到达和离开：与他一起。

召开员工大会的频率和提前通知的情况：定期召开，和预料中的一样。

员工大会的出席要求：希望全体参与。

员工大会会议事项：畅所欲言，想说什么都可以。

谁在员工大会上发言：任何人，只要有人员问题。

培训：集中在人际关系上。

对系统管理的态度：持怀疑态度；如果它能通过制度解决纠纷，不喜欢它；如果他认为它威胁到了他建立的表面的团结局面，或者使他变得可有可无，则敌视它。

对矛盾的态度：如果他能机械地解决它，喜欢它。

对创新的态度：如果它能强化他作为矛盾解决者的地位，并且不破坏团结，则接受它。

他喜爱的信息类型和关注点：谁赞成什么观点之类的信息；不与别人分享。

创新焦点：由他整合。

对其他管理者的态度

生产者（“独行侠”，**P**）：接受。

行政管理者（官僚，**A**）：不喜欢。

企业家（纵火犯，**E**）：投其所好。

随大流者（随大流者，**I**）：怀疑。

木鱼式管理者：喜欢。

第 6 章

————:木鱼式管理者

彼得原理

在一个等级制度的组织里，每个员工都倾向于最大化不称职水平。

推论 1：假如有足够的时间，有足够空缺的职位，每个员工会加剧或保持他的不称职程度。

推论 2：迟早，每个职位会由不称职的员工占据。

彼得原则

在一个有等级制度的组织里，如果你的下一步升迁受到一个不称职的上司的阻碍，那么你的个人努力或你的支持者对你的提拔都变得毫无帮助。

来自于劳伦斯·彼得和雷沃德·希尔，《彼得原理》

（纽约，威廉·莫尔欧，1969 年）

木鱼式管理者风格

如果一个管理者四种角色都扮演不好的话，那将是什么结果呢？他不是一个随大流者因为他没有团体敏感性或沟通能力。他不是企业家，因为他既没有创造性又没有承担风险的能力。他不是一个行政管理者、因为他不会组织、委派、协调、激发或执行一次预定的任务所必需的一切。他甚至连做一个生产者都不够格，因为他没有技术知识或者他不关心业绩。

一个处在管理者位置上却又不履行任何职能的人就是木鱼式管理者。一个木鱼式管理者怎么能成为一个管理者呢？裙带关系给了我们一个答案——木鱼式管理者得到职位是因为家庭的关系。但是，这种情况没有组织产生的木鱼式管理者那么普遍。在我们分析一个组织是如何造就一个木鱼式管理者之前，让我们先来描述一下木鱼式管理者的行为。

行 为

木鱼式管理者对什么都不感兴趣。他总是等别人来告诉他做什么。他不生产，不管理，他不会像纵火犯那样提供新点子，他也不像随大流者那样卷入权力之争。如果他有好点子或对他人有意见，他会藏在心里，不对别人说。

木鱼式管理者最担忧的是在组织中，如何生存，不被辞退。如果他的目标就是保持他创造的小空间的完整无缺，在闲暇时间，他会寻找他引以为豪的成功之处。创新对他来说是一个可怕的威胁，他知道任何创新都会威胁到他的职位。为了使他的生存可能性最大，他抵制创新，把成功归功于他自己，而且避免新东西（工作、项目等等）的开始。

木鱼式管理者的雇佣方式可以表现出他的生存战略。他喜欢不怎么聪明的下属，甚至提升那些业绩比他差的下属。这样，木鱼式管理者的最大危机就是他的手下聚集了越来越多的木鱼式管理者。任何想成长和发展的下属会因木鱼式的管理者而彻底地灰心沮丧。他们跳槽，剩下的那些则变成了木鱼式管理者。通过这种方法，一个无用的管理者将会给组织制造顽疾。

木鱼式管理者没有怨言。他认为怨言对他不利，所以他总是说："一切都进展得很好，我们取得了良好的进步。"而此时，公司有可能正濒临破产。

木鱼式管理者害怕冲突、矛盾。因为它可能意味着创新。所以他总是试图掩盖矛盾，并把它解释为纯粹的误会。

计划、组织和控制对木鱼式管理者而言仅仅是口头说说而已。他们意味着更多的工作。既然他不是生产者、实施者、企业家或随大流者，管理的过程对他来说只是一个纯粹的宗教仪式。他虔诚地履行它，仅仅是为了他的个人生存。

木鱼式管理者可能曾经是一个管理失效者，而且他依然保留了他过去的个性特征。从他的身上，你可以时常看到一个热情的纵火犯或一个小心翼翼的官僚的痕迹。但是当他变成一个木鱼式管理者时，他的主要特征就是保持低调。他经常抽烟、嗜酒；他咳嗽，发出嗡嗡的声音，点头表示赞同，他要你相信他做得有多好，或他以前做得有多好，或他今后会做得有多好，但是他可以感觉到不能对他抱有太多的期望。

然而，他总是很友好，令人感到愉快且对他人不造成威胁。别人都很喜欢他，就像喜欢一位友好的老大叔一样，但并不尊重他。所以人们可以容忍他，不愿伤害他。同时，组织都在遭受痛苦。

木鱼式管理者通常有信息网络，他只要得到了信息，就会珍视它，并尽可能地利用它。这些信息可能与当时的信息无关，但他认为对信息的拥有可以向组织其他的人证明，他仍然是有用的。

波文定理

第一定理：当主管时，深思熟虑。
第二定理：碰到麻烦时，分派任务。
第三定理：感到怀疑时，缄口不提。

来自于托马斯·马丁，Jr. 马丽斯
（纽约，麦克－希尔出版社，1978 年）第 74 页

贝尔定义和描述了一种个人风格，我们称之为“逃避者”。逃避者和我们的木鱼式管理者有类似之处。他避免作决定，并且让别人来选择要完成的工作和目标。如果有可能的话，他会选择目标已经设定，且相对容易达到的工作。贝尔提出的“逃避者”不善于批评和羞辱。因此，他会花大量的精力来避免麻烦。

瑞格奈克的逃避决定法则

规则 1：如果你能避免一项决定，就逃避。
规则 2：如果你能避免一项决定，不要迟延。
规则 3：如果你能让别人避免一项决策，你自己就不要逃避。
规则 4：如果你不能让别人避免这项决定，任命一个小组来做。

来自于托马斯·马丁，Jr. 马丽斯
（纽约，麦克－希尔出版社，1978 年）第 77 和 78 页

由逃避者管理的组织更容易退化。他不是让组织去适应环境的需要，而是忽视它。这样，就失去了与外部世界的联系。根据贝尔的观点，“在他的领导下，他的部门将会慢慢地变得无形，看不见”。最糟糕的事情就是让木鱼式管理者身居组织的高位。这意味着整个组织

都完蛋了。尽管这种管理方式有时候会以保守来伪装自己，但它终究是垂死的。组织可能会有这种执行官，他已经相当疲惫，而且不想工作，也不想制造业绩。他再也不希望出现创新，他对他过去做的事情感到高兴。

根 源

一个人如何变成一个木鱼式管理者呢？一个只体现一种“纯粹”的管理风格的人可能因为他的顽固和狭隘，会变成一个木鱼式管理者。一个具有一元个性的人不仅会毁了自己，还会毁了组织。

让我们以“独行侠”为例吧。大部分人通过自己的努力可以取得一般的业绩，但有些人却是超级绩效创造者。房地产经纪人这样描述他们的“明星推销员”：“这个家伙做事异常主动积极。他总是不停地推销、推销再推销。他从来不呆在办公室，而是在外面向新顾客介绍房子或寻找房子来出售。他来到公司在三个月至一年时间内，就成了最优秀的推销员。他赚了无数的钱！”但是两年后，这样优秀的人却精力耗尽。他的业绩下降，成了一名普通的推销员，最后成了一名木鱼式管理者。

一个人失去他的明星地位可能有几个原因。通常的原因是精力消耗殆尽（倦怠），但是突然创新也会使一个“独行侠”变成一个木鱼式管理者。

而且，事实上，生产者已经是四分之三个木鱼式管理者。当他失去生产能力时，就变成了一个彻底的木鱼式管理者。

一个“独行侠”如此地忙于他的销售工作以致他没有时间去把握整体的东西。他感觉不到市场创新，意识不到行业趋势。他尤其不关注建立与顾客的长久关系，这些顾客将来可能还会成为他的回头顾客。最后，他的职业优势和销售能力就逐渐消失了。对他而言，让他继续干他熟悉的工作是一件相当困难的事情。所以，他工作越努力，他就越是把握不住所处的工作环境。这个过程一直持续下去直到他精疲力竭。这种现象是如此地普遍，以致房地产经纪人都说他们宁愿雇用能力有限的优秀推销员也不愿雇用那些极其引人注目的明星业务员。

既然“独行侠”几乎无一例外是短期绩效导向型的，因此他没有时间培训别人。更糟糕的是，他也没有时间培训自己，一段时间后，他就成了一个废弃的木鱼式管理者。通常，一个有20年工作经历的人在接下来的20年内仅仅只能重复相同的经历。由于他在年复一年地干相同的事情，所以他迟早会被淘汰。

对于变成木鱼式管理者的“独行侠”而言，他的命运简直就是一个悲剧。你要记住，“独行侠”是一个工作很勤奋的人。他把自己的一生都献给了自己的公司，却忽略了他的家庭。由于他的短期导向型，他总是忙于工作以致没有时间学习新的东西，没有时间来发展自己。几年后，他仍旧在勤奋地工作，但是结果却不一样了：他被淘汰了。当公司要裁员时，首当其冲的可能就是“独行侠”了，而且他通常不理解公司为什么对他这么无情无义。

官僚也遇到了类似的问题，官僚不是那种结果导向型的，他将自己的注意力主要集中在建立控制力上面。同样，他看不到大方向，他所做的一切努力都是为了控制目前的系统。他是如此地顽固不化，以致一个大的系统剧变就会彻底摧毁他。一个未预料到的内部或外部的经营环境的转变就会使官僚成为一个木鱼式管理者。官僚的毁灭带来的影响甚于生产者。这个官僚部门遭遇了一次大的掠夺，就好像一个定时的很糟糕的引擎被冻住一样。忽然之间他不能转动，不知去哪里，什么也做不了。

当一个新的电脑体系运用到一个官僚部门时，以上的这种情况会常常出现。当官僚管另的那一套旧的制度被淘汰时，官僚就变成了木鱼式管理者或陈腐之人。当“他们改变制度”时，官僚的能力可能也丧失了。公司合并或者被收购，在大部分的这种情况下，旧的会计或行政管理者由于不能学到新的东西从而被淘汰。

典型的纵火犯（E）也倾向于变成木鱼式管理者，因为他过分地扩展自己。在你明白之前，他早已处在那个位置。最后，他用完了现金或运营资本，然后，他的组织就破产了或者被其他的公司收购了。如果纵火犯也被购买了，购买者将会“踢他上楼”。他会当一段时间的顾问或咨询专家。然而，他却被剥夺了所有的权力。

在纵火犯不断地改变企业的发展方向而使“车轮停滞”时，他也可能会变成木鱼式管理者。在那种情况下，纵火犯可能变成了一个妄想狂者。一方面，他的下属都告诉他，他们是如何辛勤地工作，而且他们看起来也工作得很勤奋。另一方面，他的项目和指示并没有被实施。他只相信两点——他观察到的东西和他怀疑存在的东西。当某种事情发生时，他就失去了他的自信，并且开始变得苍白无力。

当人们不再倾听随大流者（**I**）的意见时，他的重要性就会逐渐减弱。要么是他跟不上他们追求的东西，要么是他们厌倦了那种旧的、一成不变的方式，或者是冲突太剧烈以致他用他以前的那些表面的方法都无法解决。并且，总有一天那些新员工无法成为“团体”的一员，而且他也无法协调他们。

如果组织出现了一个更具有超凡魅力的领导者时，随大流者也可能变成一个木鱼式管理者。人们不再跟随随大流者，他也就变成了苍白、平淡的附和者。

那么，**P**、**A**、**E** 和 **I** 都成了四分之三个木鱼式管理者，他们的个人能力既不广泛又不灵活，从而不能适应新的形势。他们不会生产、管理，不是一个企业家，不能做必要的协调工作，他们被淘汰了。

这种淘汰现象会以多种形式出现，但是拉尔夫·阿伯农却以一种最为通俗的方式对其进行了巧妙的描述：

不可避免地，当一个人处于一种有力的环境中时，一旦环境变化，情况会恶化，而他一点也不愿意去改变。迟早，他会变成一个时代的错误，因为他再也不去适应环境。他不愿过多地去改变，所以他也不接受时代已经改变的事实。他会埋怨世界，因为这个世界不能为他定格。

因此，创新会产生木鱼式管理者，而且，随着时间的推移，木鱼式管理者还会增多。由于木鱼式管理者从不抱怨，因此“蔓延的癌症”一旦被发现就一定是晚期。如果组织不投资培训并且去除那些污点，这种活动速度至少要与组织经历的创新的速度相当，否则他们就很容易制造癌细胞（非功能性的传播物质），最后导致组织的死亡。

当一个木鱼式管理者被组织淘汰时（通常不是自动离开，而是由于工作不好而被解雇或者退休），他不会被错过，但是当他离开组织时，组织也几乎快要“死亡”了。明显的特征就是没有目的性的活动，没有创新，没有协调员工的能力。

P、**A**、**E** 和 **I** 都有可能变成木鱼式管理者。但是，这类管理者的真正危险却是无处不在的。四分之三的木鱼式管理者却能制造出完全的木鱼式管理者。为“独行侠”工作的追随者和为官僚工作的唯唯喏喏的员工都有可能变成木鱼式管理者。“纵火犯”的喝彩者最终学会了压制他们自己的真实感受，从而生活在他的阴影下面。他们学会了“做得少但叫得最凶”——他们成为了木鱼式管理者。随大流者的下属也可能变成木鱼式管理者，他们不知道真正需要做的是什么，他们觉得不舒服并且厌倦了那些政治游戏，所以他们选择放弃或离开。去哪里呢？无处可去，因为随大流者没有给予他们任何方向。

随大流者风格的概括

个人风格

角色：一事无成。
如何胜出：消除麻烦。
主要行为：等待被告知下一步做什么。
关注中心：没有明显的重点，除了自己的生存之外。
最明显的个性特点：顺从、友好、没有威胁性、屈从、易附和。

如何评价自己：多么成功地在组织中生存；他的人缘有多好。

典型的抱怨：没有。

决策：避免。

如果他有空闲：寻找一切能给他带来荣誉的成功；并把那些成绩归功于自己。

他的雇佣偏好：那些对他不造成威胁的、不太聪明的人；其他的木鱼式管理者；雇用像他一样的人。

下属

下属的风格：木鱼式管理者或昙花一现者。

得到提升的下属：如果他们不做任何事情，如果他们不制造任何波澜或者说他们不是那种重量级的人物，通常他们得不到提升——他阻碍了公司发展的道路。

下属因何而受到赞赏：增添他荣誉的任何事情。

下属不会告诉他的事情：任何事情；他通常都被忽略。

下属的不正常行为：不做任何事情；行动微小，没有绩效；人员更替频率高；只要有可能就跳槽。

时间管理、员工大会和管理方式

他到达和离开办公室：视生存的需要而定。

下属到达和离开：随心所欲。

召开员工大会的频率和提前通知情况：定期召开但频率较小。

员工大会出席情况：缺席率高。

员工大会会议事项：过去的，不相关的事情。

谁在员工大会上发言：某些人发言，但几乎没人听。

培训：表面形式，无实质内容。

对系统管理的态度：一种仪式，无现实意义。

对矛盾的态度：害怕矛盾，其原因与害怕创新一样；掩盖矛盾，把它当作纯粹的误会。

他喜爱的信息类型和关注焦点：任何他能得到的信息，不愿与人分享。

创新焦点：没有。

对其他管理者的态度：

生产者（“独行侠”，**P**）：利用，剥削。

行政管理者（官僚，**A**）：适应。

企业家（纵火犯，**E**）：恐惧。

随大流者（随大流者，**I**）：喜欢。

木鱼式管理者：感觉舒适。

第7章

PAEI：完美管理者

完美管理者（PAEI）

一个完美的管理者其行为又是怎样的呢？完美管理者是一个业绩创造者，是一个优秀的行政管理者，是一个企业家，同时又是一个整合者。他有计划地行动，协调人力资源。他分派任务，开拓企业的市场，促进生产、融资，并且连续而又系统地开发人力资源。与“独行侠”不同，他评价自己的方式是看他管理的“团队”绩效做得有多么成功，其中的成员在多大程度上达到了各自的目标，以及在帮助员工实现目标的过程中他起了多大的作用。

不管时间是否允许，他都仔细地倾听别人的意见。他意识到创新的必要性，并将谨慎地、系统地、有选择性地引入到一个设定的模式中。他不害怕雇用那些聪明的、有挑战性的下属；他寻找有潜力的员工，并且能够发掘出来。他有足够的自信和自我意识能力，对于那些行为方式像他的人，他都很尊敬，他从不通过抱怨来表达心中的焦虑，相反地，他会提出有建树性的批评意见。他对员工进行系统地培训，用政治家的方式来解决矛盾冲突。他通过提高员工的激情和期望，迎合他们的社会意识来寻求达成一致协议的方法。他善于分析，注意行动，敏感而不情绪化。他看重结果，但不以牺牲过程为代价。他看重过程的完整性，但不以牺牲短期利益为代价；他从不垄断信息，而是把它作为资源。他的下属敢于汇报失败，他们知道他是一个通情达理并且支持他们的人。他会提升那些有管理潜力的员工，并且鼓励创新。他的组织是一个组织得很好而且又有目标的结构，员工团结合作，完全接纳彼此，完全接受管理者的判断。他的下属不会轻易地表现出非正常的行为。

你见过符合以上描述的管理者吗？你是否有能力做一个 **PAEI**？

我把 **PAEI** 型管理者称为“完美管理者”，因为只有在书本中才能发现这样的人。从这一点来说，很明显，没有人能做得和 **PAEI** 一样好，描述管理方式的书本总是假定那个人很完美，而事实上不存在这种人。

> 我们中的大部分人总是认为别人是不称职的。
>
> 来自于罗伯特·安德鲁斯办公室中的一个条幅
> （罗伯特·安德鲁斯，加利福尼亚大学洛杉矶分校教授）

麦克里兰德认为人有三种基本需要：成功的需要、权力的需要和结盟的需要。

按照麦克里兰德的观点，强烈地渴望成就和成功的人也同样强烈地害怕失败，并且参与挑战。他们为自己设定了艰难的目标，采用现实的方法来面对风险，并且总是假定人们都是有责任心的，所以会完成任务；喜欢具体而又迅速的反馈，精力充沛，喜欢长时间地工作，不会过多地担心失败，喜欢以他们自己的方式来做事。

人们对权力的需要与关心自己的影响和控制力是联系在一起的。对权力有强烈渴望的人总是去寻求领导的位置。他们是优秀的健谈者，爱辩论，且有说服力，直言不讳，心肠很硬而且要求很高，他们喜欢说教，以及在公共场合下讲演。

对于联盟的需要，可以从那些以别人的爱戴行为为荣并且尽量不为别人反对的人身上找到。他们关心的是如何保持令人愉快的社会关系，他们喜欢那种亲密无间、相互理解的感觉。他们乐于安慰和帮助有困难的人，他们喜欢那种与别人之间的友好关系。

我们可以看到，对成功有强烈需求的人的行为方式很像 **P** 型管理者——也就是说，前者对成功的渴望就像后者对业绩的追求一般。类似地，渴望权力的人有点像行政管理者，而渴望结盟的人有点像协调管理者。

以前，麦克里兰德认为对成功的渴望是对管理成功和业绩的最强有力的预测器。然而，在最近的一篇与戴维・布恩霍合著的文章中，他得出了不同的结论：

> 听起来似乎每个人都应该有成功的需要，然而，事实上，就如心理学家对成功激发因素的定义和量化一样，它会导致人们特别的行为方式，而这种方式都未必能带来好的管理方式。
>
> 一方面，由于他们关心个人的进步，认为自己会做得更好，成功者会亲自去做事情。另一方面，他们想得到他们工作的具体的短期反馈效果，这样他们可以知道他们做得到底怎样。然而，管理者尤其是一个大的复杂的组织中的管理者，尽管这些事情能给他带来成功，但这不可能事必躬亲。他必须学会管理别人，让别人来为组织做事。同时，与他自己亲自做的有的事情相比，对下属工作情况的反馈会更加模糊，而且会姗姗来迟。
>
> 管理者的工作看起来就是召集那些可以影响别人的人，而不是那些自己做事情做得比较好的人。那么，为了激发员工，我们期望的管理者是对“权力的需要”大大超过对“成功的需要”的人。

听起来很熟悉，不是吗？在这篇文章中，麦克里兰德改变了他先前的观点，把对成功的渴望作为评判一个人是否是一个优秀的管理者的标准。仅仅渴望成功的人会变成一个“独行侠”。

现在，麦克里兰德认为一个会教导别人的权力需求型的人与一个成功需求型的人相比将会是一个更好的管理者。在我们的标记（代码）中，这种人是一个**PA**？**I**，为组织的利益而不是自己的利益来制定规则。

在阅读了课本上的各种各样对管理者的描述之后，我们得来思考一下：有多少活生生的管理者与书本上的描述是相符的？书本上所讲的一个好的管理者应该有值得别人欣赏的个性特征，但很少有书本指出，这是好的管理者至少应该具备的素质。同时，他应该知识渊博，有创新性，逻辑性强；关心成员，爱护员工，善于组织；直觉强烈但理智；有抽象能力但也重视细节；对员工的需求很敏感，但也关心组织的需要等等。

这种描述看起来似乎不现实，生活中不可能有，但是这是我们对完美的追求，它告诉我们应该做什么，而不是我们能够做什么。

但是，实际上，**PAEI**型管理人员看起来是不存在的。如果在布莱克和默顿的模型中，任务导向型是**PE**，员工导向型是**AI**，那么，又有多少管理人员能处于9.9那个级别上呢？

> 我认为笃信天才的存在是一件很危险的事情。即使天才存在，也很少。他是以个体的形式存在：比如画家、音乐家或其他。他不可能存在于一个企业中。仅仅依赖某个人，即使是能力非常杰出的个人，企业也会受到非常大的局限。
>
> 拉尔夫·艾勃伦

赫西和布兰查德也描述了一个好的管理者的特征，他们也认为这种人太少了！心理学家和商学院都试图培养**PAEI**型管理人才，但看起来似乎是一项无意义的行为。教育所能做的所有事情就是清除外界对 **PAEI** 的冲击。

任何个人都不可能具备优秀管理者所具有的所有特征。一个有效的管理者，一个没有任何瑕疵的管理者——**PAEI** 型管理者是不存在的。如果要去寻找这种具备一个有效管理者所有特征、个性、需求和行为方式的个人，那么这个寻找注定会失败。注定要失败是因为将所有的管理角色都扮演得同样好，这需要太多的品质特征，而且所需要的这些特征往往是相互抵触的。

彼得·达克作了一个归纳，他认为：

> 高层管理的一个显著特征就是它需要各种各样的能力，最重要的是性情。它要求有分析、会思考、避轻就重和求同存异的能力。但是，它也要求有行动快速、敢于冒险和勇于创新的能力。它要求有“运筹帷幄”的能力，呆在家里却能想像抽象的概念、创意、计算和图像。它还要求具备普通人的观念、意识、同情心和兴趣爱好，同时尊敬别人。有些任务需要人们单独行动，有些任务是那种代表性的或礼仪性的需求群体的参与（如政治家的任务）。

按照达克的观点，“高层次管理任务”要求至少四种不同类型的人。达克将他们定义为“行动的人”、“思考的人”、“员工”和“前沿人员”。这明显类似于 **PAEI** 模型的风格。达克意识到所要求的这四种人的性格之间是有抵触的，因为他说过，“那四种性情永远不可能在同一个人身上全部找到”。

尽管达克仅仅谈到了高层管理所要求的性格，但我们认为它也适用于一个组织中所有的不同层次的管理位置。比如说，站在前沿的人知识渊博（**P**）；要有行政管理的能力（**A**）；要有灵活性、适应性和创新性（**E**）；而且人际关系要好（**I**）。但几乎没有哪个站在前沿的人同时拥有这些品质。在任何层次上的管理都必须涉及内部和外部的环境、技能，同时还有人际关系。这使得完美管理者在所有的管理层次上都是必需的。

> **洛德行为定理**
>
> 权力导致腐败，绝对的权力导致绝对的腐败。
>
> 来自于托马斯·马丁，Jr. 马丽斯
> （纽约，麦克－希尔出版社，1973 年）第 104 页

如果领导者的管理方式不正常，很容易将组织引到一个错误的方向上。乔·罗斯和迈克尔·卡米认为，导致大企业失败的原因是“单人原则”，许多大公司最初的成功也归因于“单人原则”，因为老板相信自己无所不知。大公司的倒闭是迅速而又剧烈的。罗斯和卡米把这种失败归结到一个因素，这个因素可以解释他们最初的成功。没有形成一种长期稳定的管理方式，任何人都不可能无所不能。

一个人不可能在扮演 **PAEI** 四种角色时都表现得很出色，我们已经注意到，四种角色要求的性格是冲突的，**A** 和 **E** 是冲突的因为 **A** 是保守的，希望控制别人，而 **E** 则喜欢创新。**P** 和 **E** 也是矛盾的，因为 **P** 看重短期效果，需要短期反馈，而 **E** 注重长期发展，需要长期反馈。**E** 和 **I** 也是矛盾的，因为 **E** 必须讲，而 **I** 必须听。很少有人既会讲又会听——即会交流。

四种角色虽然不相互排斥，但却是相互抑制的。具备其中一项管理职能的能力有就有可能会抑制其他管理方面的能力。

喜欢事必躬亲的生产者就不愿意花时间去做行政管理方面的工作。比如说，许多艺术指挥家宁愿自己亲自指挥也不愿雇用别人。高级建筑师的痛苦在于他要做行政管理工作，他要申请新的项目，要激发员工去实施项目，他喜欢自己亲自去做设计。类似地，对于那些热爱科研的人而言，让他们去做一个大学的系主任也是一件痛苦的事情。

另一方面，对于那些热爱行政管理的人而言，当他们的任期届满

时，还会面临一种“重新进入”的悲哀。在他们经历了一种通过管理别人而带来满足感之后，他们很难再返回到以前，去做那种具体的科研工作。

那些以维护组织为荣的行政管理者认为，外界的创新就是对组织的威胁。他不可能做得和企业家一样好。有创新精神的企业家不喜欢被禁锢在一个体系中，而且因为下属可能不乐意接受，随大流者也不喜欢职位上的变更。

所以说，任何一个人同时具备扮演好四种角色所必需的性格特征是不可能的。

既然完美的有效管理者并不存在，那么就转为研究单个的领导者的性格。在研究领导者的性格时，他们忽视了他的下属身上所具备的与领导者互补的性格。

我们需要关注的是“管理团队”。既然没有任何人能成为 **PAEI** 型管理者，那么 **PAEI** 型管理者就必须是人员的整合体，一个“管理混合体”。这个混合物由那些既不是管理失效者，又不是 **PAEI** 的人组成——他们只是普通的员工。

一个人不可能成为一个 **PAEI** 并不意味着这个人就是一个管理失效者。管理者和管理失效者之间的区别只是一个程度问题，一个在 **PAEI** 评估中没有缺点的人——这个人可以扮演所有的四种管理角色，虽然他做得不优秀——是一个潜力很好的有用的管理者，尽管不是一个 **PAEI**。那么，我们需要的是那些能够扮演所有角色，不管做得是否优秀，而且能够把与他们一起工作的人看作是管理团队的一部分的人（见第 9 章）。

一个人必须扮演的角色要视组织、任务和情况而定。同时，还要视管理团队的其他成员能够做什么而定。在组织发展的不同阶段，个人会面临不同的要求。组织的行为随时间如何创新在第 8 章中有详细的说明。

完美管理者风格的概括

个人风格

角色：所有的角色——生产者，行政管理者，企业家和随大流者。
如何胜出：促进个人和企业的发展。
主要行为：发起行动，改革，协调，系统地分派任务，发展自我和组织以及预测和适应环境。
关注焦点：组织的长远生存。
最明显的个性特点：成熟，敢于肯定，自我实现，自信，灵活，分析能力强，行为导向型，善于沟通，对他人的需要很敏感，并且有能力将员工的需要和组织的需要整合在一起。
评价自己的方式：公司长期运行得有多好，团队工作得有多好。
典型的抱怨：他从不鼓励抱怨，而是鼓励别人提出建树性的意见。
决策：参与性，战略性，分享性，前瞻性。
如果他有空闲：在行动之前，他会聆听和思考，为将来作计划。
雇佣偏好：那些能够创造业绩、促进组织的发展、有合作精神和能够成为团队成员的人；像他那样的人。

下属

下属的风格：各种各样，但都是团队的成员。
得到提升的下属：如果他们有管理能力，能够通过计划和组织他们的工作而带来绩效，有创造性，能够提出建树性的批评意见，而且是优秀的团队成员。
下属因何而受到奖赏：有利于组织的过程和结果。
下属不会告诉他的事情：不惧怕汇报任何事情，包括失败。
下属的不正常行为：易被观察，而且受到有组织的培训。

时间管理、员工大会和管理方式

他到达和离开办公室：有规律，视决策的需要而定。
下属到达和离开：视工作的需要而定。
员工大会召开频率和提前通知情况：定期和/或即兴，视需要而定。
员工大会出席情况：可能提出解决办法的人和可以从解决办法中受益的人。
员工大会会议事项：战略性的前瞻计划。
谁在员工大会上发言：任何人，只要他的意见与组织的发展有关，且利于组织发展。
培训：彼此相互学习。
对系统管理的态度：完全承认它的价值并付诸实践。
对矛盾的态度：用政治家的方式结构性地解决它。
他喜爱的信息类型和关注焦点：必要的信息，并且尽可能地与别人分享。
创新焦点：鼓励结构性的、行为导向型的、有创造性的行为。

对其他管理者的态度

对所有类型的管理失效者的态度：发展或改变。
对所有类型的管理者的态度：培养和整合。

第 8 章

组 织 类 型

组织的生命周期

paEi	求爱时期	萌发了建立一个组织的念头
Paei	婴儿时期	婴儿期组织
PaEi	成长时期	成长组织
pAEi	青年时期	青年期组织
PAEi	壮年期	最佳期的组织
PAeI	贵族期	稳定的组织
PAeI	破产的贵族期	贵族组织
－A－i	早期官僚	早期的官僚机构
－A－	官僚期	官僚机构
－－－－	死亡期	破产

到目前，我们已经描述了管理者类型以及他们对下属和组织的影响。在本章，我们描述组织的类型。在相同的情况下，行为方式相同的组织，我们称之为同属于一种类型的组织。人、产品、市场甚至社会都有生命周期。他们出生，成长，进入老年期，最后死亡。在他们生命的每个阶段，每个时期，都有一种典型的行为模式或者类型。我们使用 **PAEI** 代码来描述组织的行为（见图 1）。

求爱期（paEi）

在求爱期并没有真正的组织。创建者基本上只是在梦想着他们可能要做的事情。他们满怀激情，轻易地做出承诺，而不管事实如何。与激情相伴随的是他们的疯狂举动。这时，可以感觉到创建者似乎陷入了一种恍惚状态。他们似乎是在寻找听众来倾听他们将要做一件多么伟大的事情。他们看起来坠入了爱河——自我催眠。

看起来，向别人“出售点子”确实强化了创建者去实施这个点子的念头。如果创建者打算真的建立一个组织而不仅仅是纸上谈兵的话，那么，充沛的精力、充满激情的爱恋，以及承诺都是必不可少

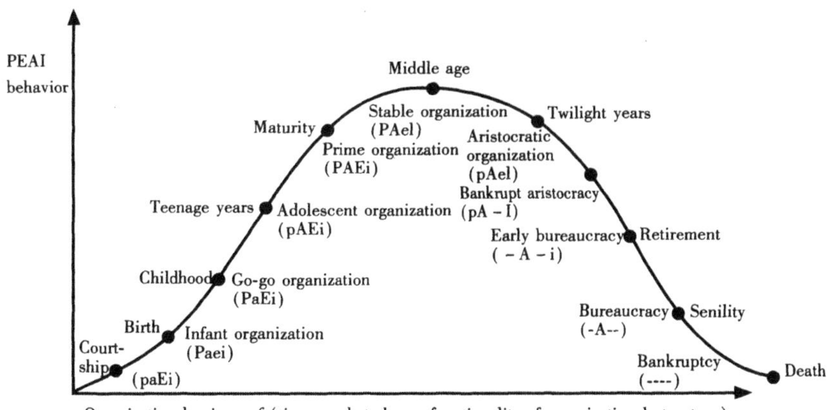

图 1　求爱期

的。这有点类似于一个飞行员在起飞前会回忆引擎的转动。尽管飞机还在原地没动，却有一种强大的推力。

当人们有了一个建立新组织的想法时，许多东西还值得检验：他们的承诺有多少是真实的？他们的承诺是建立在理性的成本—收益分析的基础上吗？还是一种情绪化的盲目承诺？任务越艰巨，承诺就要越谨慎。建立一个组织到底有多困难，可以通过组织的复杂性、积极反馈的敏捷性（花多长时间才能得到积极的结果）和必需的改革程度（有多少“祭祀的牛”要被屠宰？）来衡量。一个组织的建立并不仅是由于最初的念头所致，这个念头背后的承诺行为才是关键的原因，而且这种承诺应该与长远规划组织所遇到的困难相匹配。如果承诺与困难不相匹配，那么“创业的艰苦”就白费了，这个组织也就胎死腹中。

有些想法可能从来没有被付诸行动。当真正的困难一旦出现时，承诺行为就不告而终。判断一项承诺行为是否能善始善终，只需看他能付出多大的牺牲。(美国)加利福尼亚大学洛杉矶分校的一个系主任曾经在他的门上写道：“警告：我可能让你成为自己那些想法的执行工具。”据说，这行字使得好几个颇有创造力的学生在门外驻足不前，还未进门就放弃了自己的想法。

婴儿期组织（Paei）

有几种迹象可以表明组织已经“诞生”了。编制工资表、租赁工作间，或者创业者辞去他（或她）以前的工作。

创业是很辛苦的。一旦承诺了，就要做出真正的牺牲。最后，行为方式也发生了显著的创新。由于最初脑海中想出了一个新的念头而产生的狂妄和激情最终被打击得伤痕累累。企业家角色（**E**）逐渐淡化，而被生产者角色（**P**，绩效创造者）所代替。在组织生命周期的这个阶段，重要的不是想什么，而是做什么。创业者被问到的问题和他问员工的问题都是“你做了什么？你销售了吗？生产了吗？还是做了别的其他事情？”昨日的梦想家在今天备受打击。“我没有时间去想，”成了婴儿阶段组织的管理者宣泄怒气的口头禅，“我有太多的事情要做。”

婴儿期组织几乎还来不及制定组织的政策、规章、制度和程序，甚至预算。整套管理体系有可能就写在创业者的衣服口袋里的那个旧信封的背后。组织中的大部分人包括经理，都在外面销售。几乎没有员工大会。组织高度集权，用“个人表演”来描述再形象不过了。

婴儿期组织像加足了马力的车轮向前急驰而去，但是却没有意识到它的优势和劣势所在。它就像一个婴儿一样，不懂得触摸，而是去碰撞，因为它不知道自己到底使出了多大的劲儿。同样，婴儿期组织错误地认为它无所不能，从而做出了过多的承诺。尔后，它的员工会意识到日程安排得满满的，他们不得不推迟送货日期。当一个产品生产出来后，可能有某些零部件还没有被制造出来，或服务手册还未印刷出来。然而，组织必须对客户负责，它的员工不得不在周末和假期加班加点。

婴儿期组织极其个人化。每个人的地位几乎平等，没有等级观念，组织没有雇佣体系和业绩评估体系。员工的雇用完全视组织的需要而定。通常，员工一经雇用就立即干活，因为婴儿期组织在雇用员工时总是迟到半拍。它明天要雇用的人往往是它昨天就应该雇用的人。只要有业绩或者懂得如何给老板施加压力的员工，一般都能得到提升。

组织就像一名婴儿：它急需“牛奶”（运营资本），同时，它也很脆弱。它通常缺乏管理深度，也就是说，一旦创业者不在，就没有接班人来领导这个组织。它没有历史记录，也没有经验，因此，产品设计、销售、服务或融资计划的一个失误就能给企业带来致命的打击。出现这种失误的可能性非常大，因为组织通常只有少量的运营资金，没有多余的资金来提供给实施的团队以抵御风险，实施团队也不一定由管理者组成。对于婴儿期组织而言，一个仅仅由经理（**PaEi**）和秘书(**pAeI**)组成的“团队”往往是有效率的。

然而，组织不可能永远处于婴儿时期。使一个婴儿组织保持活力的时间和激情是有限的。最后，“所有者的骄傲”会在现实的艰难面前变得不堪一击。创业者/所有者筋疲力尽，最终选择放弃。在这种情形下，企业的死亡不是突如其来和猝不及防的，这与以前的情况不一样，它是一个缓慢的过程，对企业业绩的不断抱怨最终将创业者的激情和承诺消耗殆尽。

婴儿期组织总是忙于干活以致管理者没有时间来思考和分析——识别组织成长和扩大的机会。因为短期目标的压力，他们常常轻易地与长期发展机遇失之交臂。如果一个组织不能向下一个阶段发展——也就是说，如果梦想停滞，企业驻足不前——其结果就是自我毁灭。许多看不到前景的小企业，不是破产，就是一直处于小规模，辛勤地运作却不知下一步走向何处。而那些侥幸存活的企业有可能是因为得到了员工的补贴，即如果他是一个员工的话，他领回的工资比他应该得到的少——这也许就是为所有者的骄傲所付出的代价。

婴儿期组织完全来自于创业者的奉献，他的那种“母鸡保护小鸡”的行为使婴儿期组织能够战胜困难而幸存下来。然而，这种奉献后来有可能会成为组织成长的障碍。创业者不愿意承认组织的发展会超出他的控制能力这一事实。他试图维持对组织的控制，其结果是要么摧毁了组织，要么限制了组织的进一步发展。

企业家精神（**E**）的出现对婴儿组织的成长来说是至关重要的。如果企业家（**E**）出现了，组织就会向下一个阶段发展。如果婴儿组织的管理人才不再局限于日常事务之中，而能抽出时间来重新“梦想”：我们要走向何方？我们能为我们的产品做些什么？我们的目标是什么？我们如何与竞争对手抗衡？我们预计要走多远？”，这时，我们可以说婴儿组织中出现了企业家。

企业家要敢于承担风险并且视野开阔。有些组织从来没有意识到自身的潜力，因为机遇总是以管理者不能轻易识别的方式出现。他们可能在地下室忙于生产诱惑老鼠上当的捕鼠器，以致没有注意其实机会就在大街上。那些没有陷入生产危机和眼界开阔的人必须让决策者意识到机遇的存在。拓展视野的过程是痛苦的，因为婴儿组织是极端的短期目标导向型的。

另一方面，如果组织出现了企业家精神并且愿意跟随这种精神，那么，它就会走到 **PaEi** 这个阶段，即成长组织。

成长组织（PaEi）

这个阶段有点像开始学会看东西和关注东西的成长阶段。整个世界展现在他的眼前，所有的一切看起来都是机会，只有当管理者认真回想时才会发现有些机会其实是威胁，应该避免。

成长阶段和婴儿阶段一样很重视生产，但是它的视野开阔了许多。它快速向前发展，而且经常凭直觉而非经验来作决策，它能在一夜之间推动一年辛辛苦苦挣来的所有财富。它也很容易像越战一样——“进去容易出来难”。

几乎所有的机遇看起来都应该优先。在一次管理者会议上，要求每个人列出他认为的组织的优先事项时，其结果是该组织有 173 个不同的优先事项。

在成长组织中，感觉空间很狭小，因为组织成长得太快了。在成长组织中有许多能力不同的员工和一整套激励体系。由于它远没有制定政策，所以它总是在不同的时间依照不同的情况来雇用员工。有些员工非常称职，有些只是碌碌无为者，但成长组织没有时间和精力来剔除那些不称职的员工，而且几乎没有任何培训。

在成长组织中，员工共同承担责任。他们一起工作，不搞特殊化。在这种组织里，经理是主要的采购员，也是最优秀的销售员，同时还是设计者。销售人员也负责采购方面的事务，会计也是半个办公室经理。

在成长组织中，市场营销和销售同等重要。从根本上讲，没有市场营销战略。组织不断地遇到新的机遇，然后试图利用它。然而，成长组织也关注短期利益。管理者接了一个又一个的任务，试图将所有的任务都完成。如果组织没有一个发展重点的话，它会走向破产。除非它制定政策规定哪些不能做而不是哪些还要做，还有，除非它制定了一个前后一致、独立于创业者的发展方向，否则，它将遭遇另一厄运：创业者陷阱。

创业者陷阱 在婴儿时期，创业者对组织的“母爱”是必需的，但到了成长阶段就变得不正常了。爱的拥抱变成了一种束缚。创业者拒绝将政策非个性化，也就是说，他拒绝建立一套可运行，却不需要依靠个人判断的系统、程序和规则。为了避免陷入创业者陷阱，行政管理角色（**A**）必须在组织中变得越来越重要（见图 2）。

青年期组织（pAEi）

当行政管理角色（**A**）的重要性逐渐增加时，更多的时间用于作计划和调整。安装计算机系统，引进咨询顾问或薪资监管员，开发培训项目，制定劳动政策。在短期内，所有的这些都会花费生产者（**P**）的成本和占用他的时间。高层管理有可能会拒绝缩减 **P**，在那

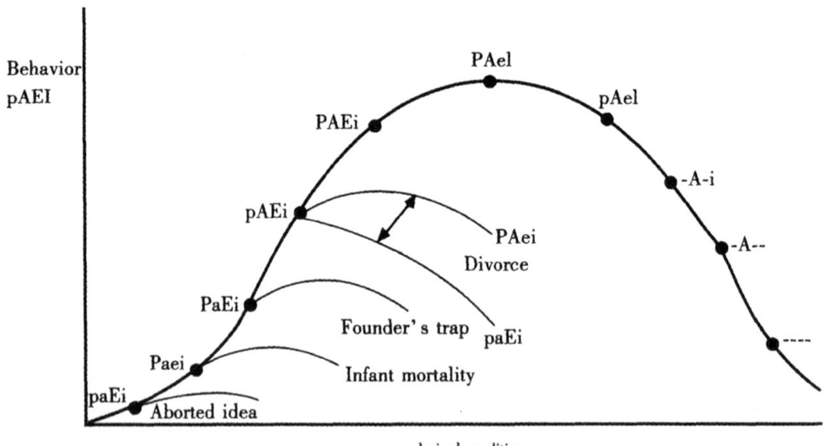

$$\text{Aging} = f\left(\frac{\text{desired conditions}}{\text{existent conditions}} - 1\right)$$

图 2

种情形下，组织的氛围会改变，给企业家精神（**E**）造成不好的影响，员工日益增长的激情被压抑。他们花时间来计划“怎么做”而不去分析“为什么”要那样做。

当 **A** 的增长以牺牲 **E** 为代价时，我把这个阶段称为“不成熟期”，组织看不到发展的前景。在一个“健康”的青年期组织中，**A** 的增长应该是以牺牲 **P** 为代价的。换言之，管理者应该有意识地花上一年左右的时间来“挖壕沟”保护企业，使企业变得有组织性。它的实质就是把以前花在销售上的时间现在花在发展组织的结构上，但同时，不能丧失长期目标。

青年期组织充满了矛盾。它必须要求员工能够倾力奉献，而且还要保持组织的稳定性。它将会发展为何种类型的组织呢？它将拥有什么样的薪酬体系和政策呢？它将会培育出什么样的提升标准和激励体制呢？它的结构正变得越来越没有个性，有一些人很难接受这一点。

青年期组织常常出现前后不一致的怪象。它制定了许多规则和政策，但是大部分都是针对新员工的，而且组织中会出现党派，职位高的员工一般都不会信任新员工。新员工很难进入到他们的圈子，因为“当他们艰苦创业的时候，这些新员工不知道在哪里呢。”

青年期组织由于致力于改变组织，使其结构化、系统化，而在某些方面降低了效率和生产力。一种典型的抱怨就是员工现在不是整天做营销，而是整天在开会。

然而，组织为了今后的发展，本身需要结构化、系统化（使自己非个性化）。如果一个组织不能够为自己建立一个体系，或者组织中疑惑太多而丧失了许多优秀的员工，那么它是不会继续发展的。它以后可能到成长阶段，甚至会退到稳定的小规模的婴儿组织阶段。

在短期内“冷却”增长率以便在长时期内获得一个新的增长平台，做出这种决定是很困难的。如果组织是一个合伙企业的话，经常会有党派形成，从而使矛盾非常明显。生产导向型的那一派不赞同“没完没了的会议”，不想把大量的资金花在咨询上，他们宁愿回到工作中。“对我们的经营而言，真正重要的是销售，不是你拥有什么样的计算机系统，不是你的规则手册制定得有多么好。”另一派则不赞同那种暴风雨式的追求眼前利益的行为，他们认为有必要对改造组织的体系做出必要的投资，而且前瞻意识对企业的长期发展来说是很重要的。

如果青年期组织是一个合伙企业的话，那么这个阶段可能就是他们“离婚”的时候。在求爱期许下的最初的承诺被日复一日的争斗消耗着，直到化为乌有。这时，他们会反省一段时间。他们在重新思考：我们现在的和将来的行为难道就是我们想要从对方或组织中得到的东西吗？

合伙双方似乎都站在火线上，而且必须果断地决定自己应该跑向哪一端去救火。这时，如果合伙企业分裂的话，一派继续实行他们的**PAei**模式——保守的、稳妥的路线，而另一派则成为“未完成使命的企业家”（**paEi**），寻找另外的机会重新开始自己的事业。

如果组织能顺利地度过青少年期且没有丧失高度的激情（**E**），那么，它就可能进入组织生命周期的壮年期（本章接下来的部分叙述了如何保持健康的成长）。

壮年期组织（PAEi）

壮年期组织有自己的年度目标，并且是结果导向型的（**P**）。而且，它通过计划和程序来获取效率并且不断地重复成功的运作（**A**）。同时，它也能意识到，“在那里”现在正在发生什么事情。它可以看到机会和威胁。它也有长期的目标和战略，如果说成长组织中的销售增长率是摇摆不定的，那么壮年期组织中的增长率是平稳的，而且可以预测。它甚至连季度的预定目标都能完成，它的工作情况成了行业的标准。

成熟过程 然而，不能确保组织总是处于它的最佳阶段。它依赖于高层管理的灵感和激情。管理者在制定企业的战略决策时所表现出来的灵感和激情会影响到组织的类型（如成熟期）。如果管理者想超

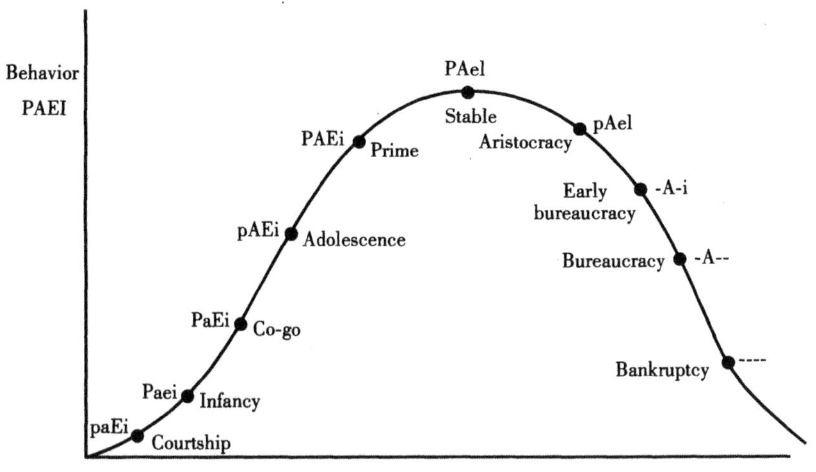

图 3

越现有的状态，那么发展仍然是可能的。如果管理层对现有的条件很满意，那么他们的灵感和激情就不是企业成长发展的源泉了，因为：

$$激情率 = \frac{渴望的状况}{预期的状况} - 1$$

激情率主要受三个因素的影响：（1）战略决策者的精神年龄、（2）相对市场份额、和（3）结构的有效性（见图 3）。

年龄　不同年龄段看法也不同。人们开始思考在他们的生命中还剩下多少时间，他们希望享受生活而不是继续建功立业。在这个时段上，他们的想法与年龄是有关系的。我们可以假定一个年轻人是愿意投入时间和精力来干事情的，因为他追求的状态与其现有的状态是不一样的；年龄稍大的人则会安于现状，他们认为现实的状况就是他所希望的状况。

市场份额　当一个公司发展到某个阶段，它的进一步扩张是不经济的，或者是政治或法律上不允许的，那么，现有的状况就是理想的状况。

组织结构的有效性 当组织由婴儿期发展到壮年期时，就会增添新的员工、产品、市场和部门。一般情况下，这些是在外界的压力下完成的，即出于技术的而不是战略上的考虑。最糟的情况就是组织结构臃肿，且条理混乱、产权不清、等级不明（人们同时戴几顶“帽子”，有些还有内部冲突），组织结构没有反映出市场或技术的需要。有个公司（销售额20亿美元）将加拿大市场分别向美国的波士顿总部和布法罗总部汇报，从而忽视了两者的社会政治差异和语言差异。在另一家公司，墨西哥分部向新奥尔良的路易斯安总部汇报（据说，从新奥尔良到路易斯安那，乘飞机时间最短）。以上的例子比比皆是。

当一个组织变得臃肿时，激情骤减，而且还会有一段时间的内部收缩。如果在很长一段时期内，激情一直在下降，那么企业家角色（E）也就在淡化。

伴随着企业家角色的减弱，协调者角色有所增强。但是在这个阶段，协调者角色不宜太强。当组织正在成长创新、排除困难前进、试图寻找一个大方向并在世界立足时，不同的人对于该做什么以及什么时候做有不同的和相对强硬的观点。因此，人员之间的矛盾在所难免。但是，冲突和矛盾的存在并非是一件坏事情。因为一旦解决了矛盾，企业就会找到新的增长点，其结果还会证明情绪化的投资是正确的。当E逐渐减弱，而且对成长和创新的紧迫感和渴望也在减弱时，组织就已开始在享受昨天辛勤的成果了，那时它也可以专注内部结构，发展人际关系了。也就是说，组织已经变得成熟了。

贵族期：稳定的组织（pAeI）

当企业家角色（E）减弱时，企业就已经变得成熟了。它仍然注重业绩，内部结构安排得井井有序。而且，内部的矛盾冲突也没有前几个阶段多。**E** 的下降导致了 **I** 的上升，争论的事情更少，来自同僚的威胁也更小。在这种组织里，人们越来越尊重程序规则，并且依赖于以前辛勤工作创下的成果。在这个时候，企业通常获得了一个稳定的市场地位，组织有一种安全感，尽管从长远的角度来说，这是没有根据的。创新和紧迫感仍然会时常出现，但总是一闪即逝。人们喜欢有条不紊的状态，并且采取保守方式，以防止辛辛苦苦创下的今天这个局面被打破。

在稳定的组织中，人们花更多的时间在办公室里互相交流，而不是像他们以前那样经常与客户和销售人员打交道。以前口头上的争执现在都用非常委婉的方式表达出来。好像在说：“那并不是真正的重要。”紧迫感不复存在，人们可以随意地将会议又延长一个小时。当召开一个新的会议时，以前的激烈抗议（“我去哪里找时间来开会呀？！”）现在也少之又少。

在稳定阶段会出现几个创新。一个就是预算的创新：研究费用减少，开发费用增加。同时，市场调研费用减少使得公司的盈利增加。管理开发被管理培训所代替。

对短期盈利的考虑占据了上风。因此，第二个创新就是组织内部的权力转移。财务人员比市场销售人员和工程师（研发人员）显得更加重要，投资回报受到了极大的关注，实施代替了思考，组织的风险变得更小，激励人们去实现组织目标的动力也越来越小。

组织依然在成长，但是潜在的危机已经显示出来了——它的企业家精神（**E**）已经消失了。

> 一旦停止成长，就意味着死亡。
>
> 查尔斯·高

贵族期:贵族组织(pAeI)

企业家精神（E）的淡化对组织有长期的影响：最终，倾向于追求和生产绩效的 **P** 角色也有所下降。由于人们并没有考虑过多的长期利益，因此他们对短期业绩的导向不可避免地受到了影响。他们创造绩效，但是没有拓展业务。公司的业绩以短期为导向，同时也埋下了平庸的种子。

业绩导向（**P**）的下降创造了一种新的组织行为风格。贵族组织的氛围相对保守。这种组织中经常关注的不是“你做的是什么和为什么你这样做，而是你是如何做的。只要你较长时期内没有给组织带来麻烦，没有捣蛋，你就可以继续留在公司，如果不考虑生产业绩的影响，你甚至会得到提升”。

贵族组织可以从经理的衣着同其他组织区分开来，还可以从他们演讲的模式、他们谈论的问题、他们访问其他人的方式以及他们集会的场合来区分。

管理均衡 在婴儿组织中，穿着没有什么特定含义，一位执行官说：“只要你能创造绩效，你就能随心所欲地将内衣外穿，谁管呢？”在成长组织里，人们习惯于打领带，穿夹克，但并不是一定需要这样装扮。当组织发展到了贵族时期，管理者的装扮就像是参加一场葬礼那样庄严肃穆，或者像参加婚礼那样喜庆。他们似乎试图在穿着方面胜过其他同事。三件套是社交礼节上必需的，颜色越黑越好。

彼此的交流方式 在婴儿组织中，员工之间经常使用昵称。在处于青少年时期的组织中，员工间的称呼都是调侃的。然而，在贵族组织中，员工间主要使用名字。在会议中，即使人们彼此已经熟识数年，仍然用“某某先生”来称呼，而会后则用名字的第一个字来称呼。

在贵族组织中，表格十分多。组织内部有一些关于如何以及何时

"Senior Vice-Presidem Buffington reporting, sir. Reqnests permission to advance and be recognized."

Drawing by Lorena; © 1976 the New Yorker Magazine, Inc.

与其他人沟通的约定俗成的规则，也存在着一些礼节：谁能去哪些固定的盥洗室，或咖啡间，或者在哪张桌子上进餐。组织中专门为大人物和一般的小工安排了不同的电梯。

演讲方式 在求爱期阶段，人们就他们的想法和感受暧昧地交谈。他们重复以及改变自己的想法，这一点他们也很苦恼，也体现出他们对某些事情的敏感程度。在婴儿组织中，演讲的模式是短小而直奔主题的，尽管礼节上有些唐突。它是求爱阶段的浪漫时期的一个明显的出发点。在青年期组织，交谈是两种模式的混合体——直接的和情绪化的，充满矛盾，但十分武断。

在壮年组织中，人们评估他们说过的话，并且慢慢地说话，仿佛在检验他们所说的话的分量和影响效果，他们选择性地利用可视的目标。当组织到达了贵族时期，交流的模式是实质性的——交流的媒介就是信息。管理者过度使用可见的指标，并且他们在会上发言时，其他人避免作正面答复，他们利用无数的双向否定和限定。聆听这样一种会议，人们会想知道他们究竟在说什么。一个贵族组织的会议纪要通常是一个含糊的，有众多的暗示、线索，以及隐晦的建议。

这也是一个共有的令人羡慕的团体，虽然“敌人就在门外”，但人们不会捣蛋。在贵族组织中，地平线上的乌云以及第一滴雨滴并没有造成一种紧迫危机。相反地，这种组织运转得十分顺畅，似乎问题只是暂时的。“它们迟早会被克服的。”这种现象可以被称为“芬兹—康体利现象”。

“芬兹—康体利花园”是一种理想上的境况，其中描述了二次世界大战前一个贵族印第安犹太家庭。当法西斯主义者开始迫害犹太人时，芬兹—康体利并不认为事态已经非常严重。“我们在这儿呆了这么久，”芬兹—康体利说，“他们需要我们。我们是意大利最高贵的家庭之一。”于是他们继续在休养所的高墙后打网球，在富丽堂皇的餐厅里进餐（也就是说，像平常一样开展业务）。尽管家庭中的个体成员有所担忧，但作为一个群体他们不会表现出他们的不安。他们为自己过去所获得的敬佩所麻痹，决定不改变现状。

贵族商务组织以一种类似的方式运转。首先，他们通常有着十分漂亮和昂贵的大厦，并且留有一大片空地，仿佛这些空地并不消耗资源。他们个人十分担心公司和它们的将来，但在正式会议上，他们从来不表现出任何一点疑惑。

当一个员工面对共同的管理者，并且指出来自于竞争的压力时，他们倾向于这样回答：“不要担心。我们从事这项事务已经很长时间了。他们需要我们，我们有品牌、传统惯例、技术秘诀……”但是，私底下，他们同意咨询者的看法：情况越来越差了，“某人”（通常除了那些抱怨者）应该做某些事情。在一个组织中，经理甚至明确地指出：“我们不喜欢竞争。我们招架不住了。”这意味着明天他们又将重复昨天他们已经做过的工作。

集会的场合　当一个婴儿组织运行由某个小的区域逐渐发展壮大，以及在成长组织时期时，并没有为所有的员工提供足够的办公场所，而在贵族组织中这种场所是足够大的。主席的办公室很大，有会议桌、沙发，以及小椅子。大厦的入口很大并且有着宽广的走廊，深色的毛毯，以及许多会议室。

董事会办公室也具有贵族的特征。在婴儿组织，董事会会议随时随地举行，有时在火车上，或者吃早餐的时候。在成长组织，会议在总经理办公室，围绕总经理办公桌进行。在青年期组织，会议在不同的会议室、走廊或场所进行，取决于与会的人员。然而在壮年组织中，设有指定的会议室。灯光明亮，桌子摆成 U 形。上次会议的活动挂图仍然挂在墙上。虽然有些凌乱但充满生机。当组织进入贵族时期，董事房间悬挂起严实的窗帘。灯光较暗，长桌摆放开来，周围放有软皮会议椅，会议室悬挂着与真实大小一样的创始人画像。整个布置正式而且似乎在告诫：“不需要改变！”虽然在房间外面人们关注的是市场环境，但是房间里面气氛就改变了。与会者都提供了报表，而且不会提一些紧迫的问题。商务像平常那样继续开展。

贵族组织通常是工业联盟的创办者，并且通常是真正注重工业标准的组织。新来的、激进的竞争者虽然也合法地抢夺市场份额，但由于不合乎道义而受到鄙视。

无论是结果导向型（注重“做什么”的角色），还是企业家导向型（注重“为什么”的角色），组织开始损失收入和市场。在组织的预算计划中，组织并没有把资金分配给 **P** 和 **E** 角色，比如市场研究以及研发部门，而是将资金分配给了 **A** 和 **I** 角色——更多的控制系统、更大更好的计算机，以及更加训练有素的程序而不是开发程序。

为了提高组织的收入，贵族组织采用一种“表面提升”策略，即提高产品的价格。短期内，公司的收入会提高，但长期内销售数量会下降，到那时，为了继续保持一个体面的收入状况，价格会被再次提高。用一个厌恶这种做法的执行官的话来讲就是：“他们用狗自己的尾巴来喂狗。”

合并和收购 贵族组织现金流量大，对于其内部资源的投资要求较少，公司内安于现状的风气相比公司个人的期望更为强烈。因此，冒险投机行为即使有，也比较少。利用公司持有的现金，贵族组织寻求新的收入增长点，而不是特别注意内部资源投资。它通常会收购一些增长型公司——大部分通常是一些处于成长阶段的企业。“他们有着美好的发展前景，并且目前市场价值也不高。”

反过来也可能发生。现金流量大的贵族组织是收购公司最优的选择目标，大部分这类组织被一些成长阶段的企业收购，这类组织一般急于发展，而且没有限制。

但这两种情况下的“联姻”都不是特别容易实现。当贵族组织收购了成长组织，后者会觉得几乎要窒息，而使贵族组织兴奋的是这些成长组织的伸缩性，以及决策制定的速度。许多决策都是凭直觉制定的，没有考虑到传统和行业规范。而贵族组织则恰恰相反，它需要以一种特殊的形式来制定预算，在特定时间详细地做出预算——所有这些成长组织会觉得枯燥乏味。

当成长组织收购了贵族组织，就像是一条小鱼吞下了一条大鱼，需要很长时间来消化。成长组织会发现全身上下都出现了贵族组织存在的一些问题，从贵族组织中抽取出现金，并不能使其成为一家优良的企业，仅仅使人们注意到了它业绩的下降。成长组织会开展一些突然的、有力的改革和机构重组，有时会使贵族组织感到担心和气馁，并使可行的合并也难于实现。这些成长组织也许忙于消化最近的合并而在近几年失去了利润增长的势头。如果贵族组织时期已久，而且成长组织也不能轻易地解决这种存在已久的问题，贵族组织会消耗成长组织几乎所有的运营时间和资源，最终两者都走向下坡路。

那些希望对贵族组织从内部进行变革的员工通常希望针对薪酬制度进行改变，但公司最终会解雇他们。尽管这种举措使公司获得了某些利益，但企业为了生存所最需要的富于创新的员工要么离开，要么就变得无用或者气馁而无所作为。

濒临破产的贵族企业（pA – I）

企业的企业家角色（**E**）的不断消退受到了贵族企业生产者角色（**P**）下降的影响。如果贵族企业不采取任何重要的举措来改变这种处境，那么企业的 E 角色会逐渐消失，并且 **P** 角色将很少被注意到，它最终到达濒临破产的阶段（**pA – I**）。

在这个阶段，企业生产的产品都不适销，客户知道这一点，销售人员也知道这一点，即使是企业董事会主席也清楚这一点。但是没有人来改变这个境况，批评建议没有得到采纳，会议也没有召开，或者会议很短且毫无作用，每个人都等着迈出第一步，为了保全自己的利益，许多职员离开公司，而没有离开的职员仅仅是因为他们没有特别适当的机遇。这样他们也无从责备（归咎）那些擅离职守的员工。

这确实很不幸，同时，公司也耗费了大量资金，仿佛公司的鼎盛时代已经过去。更有甚者，这笔资金花费在一些没有经济意义的无用的事情上——为一些获得微弱业绩的员工颁发金质奖章，或者参加在豪华酒店举办的苍白的研讨会。公司甚至耗巨资建造没有必要的新办公大厦。管理者看重形式，似乎形式决定了内容。

早期的官僚企业（ – A – i）

如果企业家（**E**）和生产者（**P**）不能满足公司长期的发展，这意味着在长期，公司既没有变革的愿望，也不以绩效为导向。人为提升价格的策略最后会造成一种负面影响，最终招致恶果：需求变得没有弹性，价格的提升减少了整体收入；收入和市场份额一落千丈。这个时候，相互尊敬的人际关系瓦解，“矛盾”也随即显露出来，与个人存亡相关的竞争开始了。

有一个主要的指标来区分贵族组织和早期官僚组织：管理上的夸大妄想症。在贵族企业中，暴风雨来临前往往寂静无声，风平浪静，人们欢笑，友好，以温和的方式来处理员工间的关系。而在早期官僚组织中，较坏的结果最终将十分明显，他们并不与这种结果抗争，而是管理者之间勾心斗角。人类祭祀仪式开始了：一些人不得不为过失负责任，成为牺牲品。因此每年或每季度，某些人都会因为埋怨公司的不利处境而被解雇。没有人真正知道谁将是下一个被解雇的对象，从而慢慢形成夸大妄想症。因此，他们以怀疑的目光审视对方。为了在公司留下来，员工都处心积虑，提出一些牵强的原因来解释正在发生的事情，例如，如果销售经理决定打折销售，其他的行政管理人员并不参考市场竞争机制，不以理性的方式来解释这一举措，他们认为这是部分销售经理在玩弄权术，破坏了整个销售部门的声望，并且撤销没有能力的销售副总，如此种种。

这种行为加速了业绩的下降，管理人员互相争权夺利，他们花费大部分时间内讧，组建的私党和小团体不断变化。他们的创造力并没有应用到生产更好的产品或开发一个更好的销售策略上，而是用于钻营权术，考虑通过打压或破坏他人的声誉来保障自己的利益。于是，他们的业绩进一步下降，使得他们十分偏执。由于优秀的员工担心被打压，他们要么被解雇，要么选择离开公司。这个过程持续发展，形成恶性循环，最终的结果是企业成为官僚组织。

官僚期：官僚机构

在早期的官僚机构中，如果管理人员找到了“合适的人选”则可将业务处理得当，于是我们用小 i 表示。在完全的官僚机构中，根本没有完成有意义的业务。整个组织就好像是一张破损的唱片，反复地重复同一片段，对于任何问题的回答都是“稍等一会儿”或“我们稍后会有人通知你”，但是，并没有真正有效的答复。这些管理人员签署了一系列公文，但没有哪份公文真正履行，公司不以业绩为导向。没有变化的迹象，也没有组建团队——只有系统、规章、过程和规则。

官僚机构最有特色的一点就是对书面文字膜拜。当客户或其他管理人员寻求或提出一项建议时，典型的回答就是“将它写成书面报告给我”。

然而，给官僚机构写信是浪费时间和精力，徒劳无功，这些文件往往被束之高阁。在这种组织的档案库中也有一些十分紧急，亟待解决的信件，客户希望需求尽快得到答复，这些信件通常打上“收讫”的标签，然后进行归档。询问相关人员为什么这些信件没有回复？信件职员告知一些必需的信息丢失了。

官僚机构管理十分紊乱，每个客户得到答复的前提是其他问题的解决。官僚机构事先没有准备好客户需要的所有信息。此外，它并不显示所有策略，亮出整副牌，而是每次只摊出一张牌。

这种情况出现得越来越频繁，因为官僚机构中没有人知道应该做什么。每个人只有一条必要信息，客户希望将这些信息收集在一起。职员不知道薪酬体系；销售人员不知道销售策略；市场推广人员不知道公司计划；财务人员不知道可能销售何种产品；生产部门不知道产品的性能以及它是如何生产出来的；客户不知道到哪里获得有效的关注，客户服务部门通常是由一群接线员组成，他们的工作就是接听电话，记录用户的抱怨，并回复客户“我们会尽力……”

这种组织试图从所处的环境中孤立出来，它通向外面的大千世界只有一条非常狭窄的路线，例如仅仅只有一条电话线。为了接通这个电话线路，客户不得不花费数小时或数天来不断尝试。如果某客户亲自来公司，会发现一定要去一个营业窗口，而它每天仅仅开放几个小时。客户可能需要花费一天的时间来在线等待以便找到问题所在。如果客户写信给官僚机构，通常需要数月时间才能收到回信，而且回信也是千篇一律，并没有解决任何实际问题。即使以上这种情况没有发生，信件或文件可能丢失了。

在这样一种组织中，要想办妥事情，客户不得不亲自到处奔走，从一间办公室找到另一间办公室，来查明事情的情况、源由和时间地点。看起来仿佛是组织的“神经系统”被打乱，左手不知道右手正在做什么。一个部门抵制另一个部门提出的要求，“他们每次只让看一张牌，而不是整手牌”，客户感到十分困惑、泄气和不知所为。

当人年长时，某些器官功能出现障碍，人体机能会表现如何呢？通常人们会将其送到一个医院，通过不同的医用器械来绕开不工作的器官如人工肾脏。同样的方法也可适用于官僚组织。

那些不得不与这些官僚机构合作的商业组织通常设立一个专门的部门，它们的任务就是提供备用系统，他们为这类部门起有不同的名字。在一些公司内，这些部门直接称为“政府关系协调部”，在另外一些公司，他们被变相地称为“公共关系协调部”，这些部门协助处理与政府部门的内部事务，分离出各自的职责。A 先生将与副部长 Y 先生交涉，B 先生将与办公室主任 Z 先生合作。由于 Y 先生和 Z 先生可能不同意或不知道在一起合作，A 先生和 B 先生判断他们的需求，并且组织 Y 先生和 Z 先生一起合作。商务组织每年花费数百万美元来弄清楚政府部门的需求，以及何时、如何需要这些产品（包含信息、服务）。

官僚机构在某个领域通过垄断得以生存下来，消费者迫于种种限制被迫“购买”他们的服务，并且客户创造的外部分销系统也不得不受限于他们的产品。打破垄断将使大部分官僚机构破产，1978 年纳税人的抗议就能很清楚地说明这一点[1]。

完全的官僚机构通常比较脆弱。看起来颇像一名危险的巨人，实际上更容易被摧毁。官僚机构似乎很难改变其庞大的外表，但实际上“内部已经开始瓦解”，并且处于破产的边缘。任何突然的改变将使他们走向破产。官僚机构不得不管理重组，但最终也难以维持业务。例如，一台新电脑将使官僚机构陷入一个怪圈：老的系统继续运行，仿佛没有事情发生，而新的计算机人们又没有关注。

官僚机构可能会处于一段长时间休克状态。其实，当他们与外部环境隔离时，这个时期就开始了。这种组织的例子包括垄断组织和政

1 注：我并不是预言减少税收能延长政府性质机构的行政寿命，相反它加速一部分这类的垮台。作者注。

府性质机构。联盟组织或政治压力会使他们存活下来，因为没有人敢取消一家提供就业机会的机构，这最终导致了高昂的表面寿命延长，使得企业的消亡延长了数年。

死亡期：破产（－－－－）

组织消亡最为突出的特点就是无所不在的濒临死亡之痛。那些满腹才华的人早早地离开了公司，剩下的员工能力不强，消息不灵通，还有一些新来的员工。最重要的是，他们是一群别无选择的员工。

组织的一些职员会回想以前“美好的时光”，并且试图分析公司失败的原因。其他人则将失败归因于不友好的外部压力，例如政府、劳动力市场或一些不守市场规则、不道德的竞争者。但是，从更深层次考虑，多数人意识到组织的消亡需要经历一个长期的过程。

分析和说明

处于上升期直至成熟的企业依靠一种动力不断前进（图 4 中的 A 区域），在其下降期（B 区域）企业运作依靠的是惯性。

组织成熟之前，内部机构的改变能够促进组织的发展。从壮年期向前发展（B 区域），外部力量变得十分有必要。我提出这个建议是因为直接推动相对于改变惯性更为容易。成熟期之前组织在不断发展。交流通常很公开，员工也能被接受，并且一直处理推动改变的必要的内部事务。此外，壮年期之前（A 区域）很有必要促进收敛思考，受过培训的人在进行这项活动时不会有太大问题，也不能触及到其他人的利益。从壮年期向前发展，就十分需要促进收敛思考（我们能做其他的什么事呢？），服务商不得不通过提高在需求和供给之间的不均衡来建立期望值（刺激公开的不满情绪）。他（或她）通过改变组织集体觉悟，或至少在开始，从集团的管理高层来实行这项举措，这就意味着会制造麻烦和事端。在这样的组织里，顾问必须是十

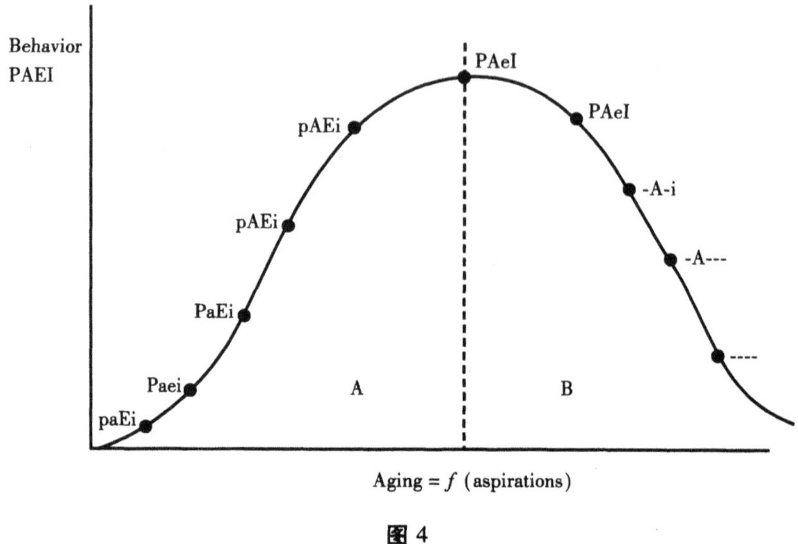

图 4

分有权威的人。如果他是内部员工，他很容易通过被解雇或同事及上级的补选而“平静下来”。

在壮年期之前（区域 A）相对而言，除非特别的禁止，组织做任何事情都是允许的；壮年期以后（区域 B），相对而言，除非特别的许可，否则不能随便行事。组织生命周期在区域 B 阶段的发展需要一种独立的、长期的、能够依赖的外部力量的推动。

处理方法

求爱期组织

在这一阶段，最好的处理方法就是“现实测试”（图 5）：向受测者提出生活中许多重要的和难于抉择的事例，测试他的贡献等级，可以想见，措施可能会出现很糟的结果。然而，必须测试其行为。

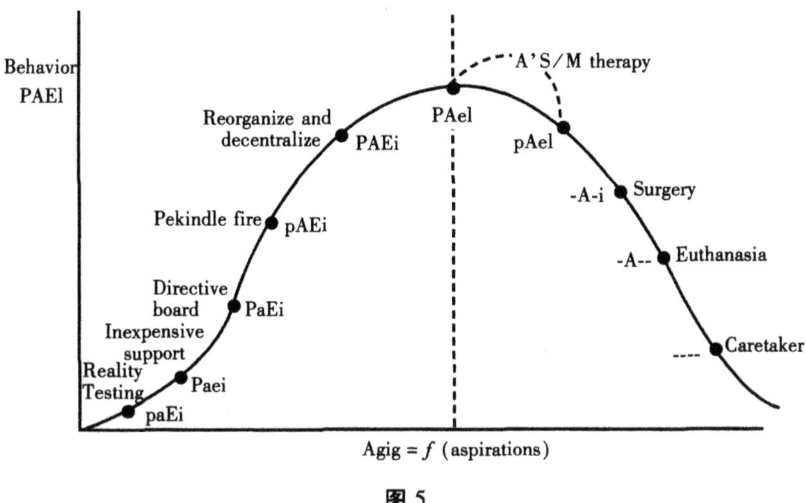

图 5

婴儿期组织

婴儿期组织没有资金来支付任何委员会运营费用或招聘外来的员工以帮助组织发展。于是，由律师、会计、朋友甚至职员组成的咨询委员会能提供一些必需的实际知识和技术要点，这种委员会不是由董事（主管）组成，因为它也许会与创办者的初衷相悖，而这又正是婴儿期组织赖以生存的关键。就我的观点而言，这种承诺与员工的自由程度紧密联系。

成长组织

成长组织需要一个健全的、灵活的、积极的和具有指导作用的外部主管委员会，来会聚组织中各个成员的思想，处理一些这类组织都具有的、典型的和草率制定的计划，这是一个很好的，也是很有必要的开端。只有这样，企业的领导能力才不会受个人的影响，一些组织的政策和计划也能制度化。（通常，成长组织的创办者对聘用外来人员来组建管理委员会不满意。如果这样，那将是陷入创办者的误区的征兆。）

青年期组织

这个阶段推荐的处理方法，同传统的处理冲突的方法相反，它将组织管理与内部人员管理分开进行（例如，没有敏感性的培训），并且集中精力处理手头上的任务。当股东之间无法继续沟通而邀请其他顾问时，顾问应该尽量忽略这些股东需求的分歧，对他们的相互谴责不加评论。他更应该着手布置发展计划，分析企业未来，确定企业面临的机遇和挑战，制定企业下一步发展的目标和策略。企业需要确定下一阶段更高层次的目标，尽量以不同的形式来重现婴儿期所具有的激情和斗志。未来发展计划和战略越明晰，行政系统的建成和内部员工关系的组建也就越快。这并非意味着股东之间的关系仍然同以前那样，但是这种状况是可以忍受的。短期内没有关爱，但也不会存在敌意。

壮年期组织

壮年期组织通常不会寻求外来帮助，在他们的整体意识中，管理人员们并不需要帮助，他们认为自己处理得很好。然而，这是一个陷阱，因为最佳阶段正是终结期的开端，企业目标不仅要到达最佳阶段，而且还要保持企业一直处于最佳阶段，需要采取措施阻止公司老化。“打江山容易，守江山难”，为了实现这一目标，企业需要采取高度的企业家导向的管理措施。

返老还童的过程：适当分权

为了防止企业老化，企业应该在它处于最佳时期时分散经营。在早期的官僚机构，分散经营对于企业而言过于费力，因为处于这一阶段的组织并不习惯创新和改变，于是，在企业走下坡路之前（在最佳期阶段），就必须开始一个全新的生命周期。这一过程应当持续不断

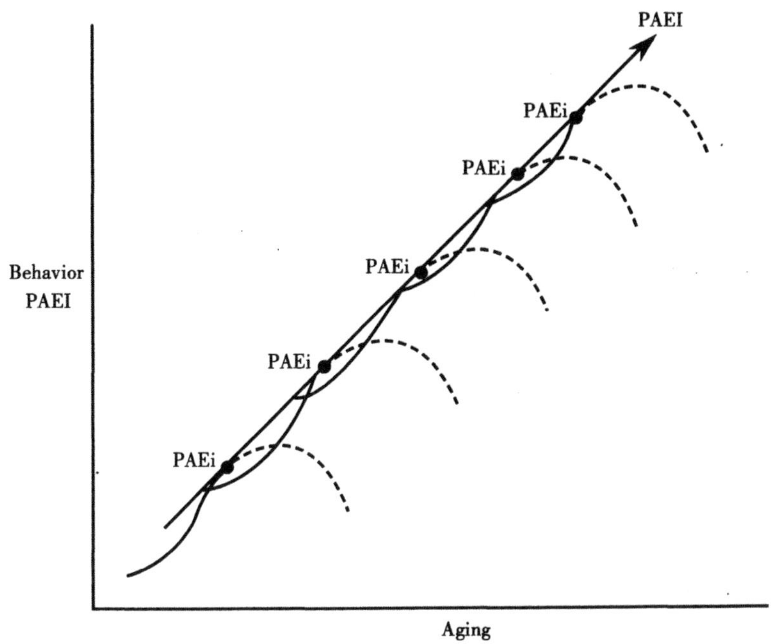

图 6　再组织和分散经营

地进行。图 6 中描述的正是这种形式。

当组织分散经营时，较低层的组织架构需要一种领导力，包括采取主动（**E**）的能力以及随后独立运作和调动下级积极性的能力（**I**）。从经验上讲，分散经营能发展 **E** 能力和 **I** 能力。壮年期组织的处理方法是重新改组以进一步地分散经营。新的实体（市场、产品、利润中心）应在企业计划表上被明确标注出来，从而能够得到必要的关注。

一张健康合理的组织图表应当体现一种“发展体系”。上面明确地标明贵族组织、最佳组织以及婴儿组织等。**PAEI** 模型能够同波士顿咨询模型很好地配合，其中贵族组织就是高盈利组织（请看图 7）。

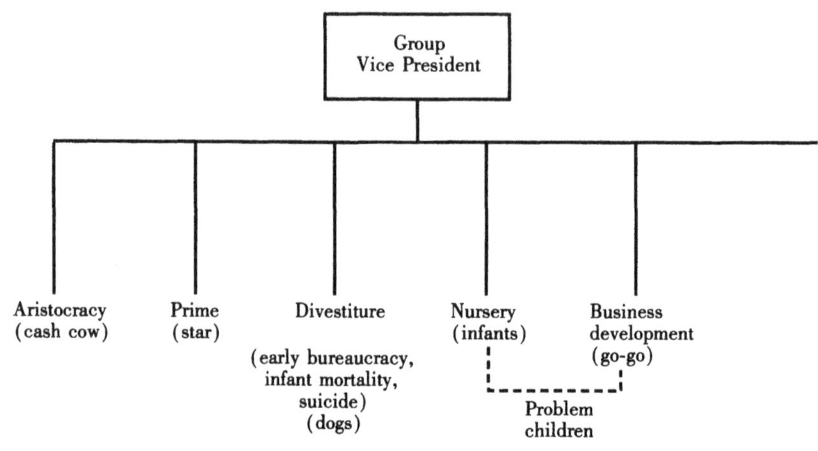

图 7 组织结构图

我们建议，每隔一段时间就思考一下组织结构图、市场以及技术性活动。是否已将所有的“新生事物”都提取出来，放到商务发展的护理中了呢？是否将婴儿组织发展得足够大并最终成为利润中心了呢？

通常，我们可以看到婴儿组织不会向成长组织报告，成长组织也不会向官僚组织汇报——这种现象我们称之为“组织近亲繁殖”。一个机构的职能行为可能阻碍了另一个组织。每个组织单位成功的衡量都不尽相同，它依赖于这些组织所处生命周期的阶段。

出于长远的计划考虑，正如图 6 建议的那样，我们可以制定出增长计划以及它后期的发展（市场、技术等等），将来的组织结构表可以来源于此。如果是那样的话，**PAEI**(所有角色都是大写字母书写)能够获得(请看图 6)。当计划周期较短时，**E** 和 **I** 角色不协调。企业家身份和团队意见相左，因为企业家生来就崇尚个人主义，因此即使在最佳期阶段，**I** 也是小写字母。若计划周期很短，个体企业家可以加以整合和调整，也能组建富有个体创造力的团队。

如果组织希望不通过分散经营来发展，则必须要通过合并和收购。这些正是官僚组织常用的运作方法，它并不实行自己的策略，也不开发自身的产品，而是收购其他的企业。然而，如果这种合并和收购不能导致分散经营，那么企业则由于过于杂乱，无法整合在一起妥善经营而走向绝路(同一时间涉及了太多市场领域)。

从组织控制的需要讲，那些不伴随分散化的收购可能会进一步集权化，这意味着进一步组织官僚化。为了避免业绩下降，企业将需要更多的收购，而这对于集权管理的企业又进一步官僚化，如此下去，形成一种恶性循环。

分散是阶段性的、反复的过程，如果公司希望在长期经营过程中保持成功，则当它达到最佳期阶段时必须进行分散经营。这是一个进退两难的局面，很难做出选择。组织为了更好地管理，需要整合管理，为了实现整合管理，管理人员需要不同的管理风格，然而，在任何阶段，组织应当形成自己的一种经营风格，以免其他的管理风格影响了企业的整体运作。

成熟期和官僚型组织的治疗

官僚型组织需要外部的组织参与。我将其称为“治疗”，这是为了将它与“外科手术”区分开来。“外科手术”是指董事会解散原有管理层，使组织管理责权发生重大变故。“外科手术”并不是很有必要，毕竟官僚组织现金流量仍然很大，而且不需要采取激烈的举措也可以恢复企业生机。只有当时间和经济压力存在的情况下才有必要开展“外科手术”。

官僚组织为了恢复生机，可以采用一种称为爱迪思方法的策略，全世界范围内有 50 多家企业通过此方法而获得了成功。爱迪思方法主要试图通过激发组织热忱使组织清楚地认识现状。它在开拓了视野的同时，提供了团队协同方案，使得管理能够给企业带来生机和新的活力，它转变了企业员工由于面临业绩下降而产生的无助的局面。

在管理过程中，也必须克服芬兹—康体利综合症，在一次诊断会上，经理们面临着一系列建设性的提议，最终他们达成一项决议来解决那些没有谁能单独解决，但通过合作是可以解决的问题。因为他们认识到协同合作是至关重要的。

通过开启建设性批评与团队协作的大门，组织由一种反应行为模式发展为一种前瞻性的行为模式，从而将组织从官僚状态导向了生命周期的壮年期阶段。(想要得到更详细的说明，请看第 12 章以及洛杉矶莫德学院其他的出版物。)

治疗早期官僚机构

“中伤(*backbiting*)”一词是用来形容处于这一阶段的组织，这样的组织需要及时的外科治疗，许多员工的态度都很消极，形成不好的风气，以至于不得不替换这些员工。如果过多地进行这种“伤筋动骨”式的企业改造，会使企业陷入瘫痪，在生命周期的这一阶段，管理猜疑和偏执十分严重，而且可能会进一步蔓延，换句话讲，治疗应该是增强型的，而不是伤筋动骨。

“外科手术”后，同样的治疗方法也适用于贵族组织，此外，干预的程度(治疗的剂量)也更高。对于贵族组织，每月一天时间来干预“治疗”是很重要的，而对于早期官僚机构，通常每月要花费三天的时间。

官僚机构和破产

对处于这些阶段的组织我还没有任何治疗的经验，这类组织已经行将就木了。

可能的缺陷

一个好的模型应当有一些反直觉的规定，下面就是我这个模型的一些说明。

委托处理

我们也许会不断听到，创办者最主要的麻烦就是他们没有委托别人来管理。在成长组织，如果创办者没有委托别人来管理，他将陷入创办者的陷阱之中。但是如果组织处于婴儿期(此时创办者工作起来比在成长阶段更加勤奋)，委托不仅不合创办者的口味，而且对于组织的健康发展也十分危险。

委托并不是一种很受人欢迎的方法，这是因为在组织生命开始这一阶段，让创办者将责任转让给他人可能会威胁到他在组织中的地位，也疏远了他与组织其他人的联系，最终减少了他的责权。此外，很难分派非程序化的决议。对于婴儿期组织而言，委托意味着将控制权由创办者移交给了其他人，而这几乎是不可能的，因为此时的组织没有任何的管理深度。很典型的是创办者会对委托的咨询顾问提出问题，通常会生气地说:“分散经营?好，但是将谁的权力分散呢?”

创办者职能的分散应该在成长组织的高级阶段开始，此时每个员工都有太多的事务亟待处理。创办者不应该觉得由于分散经营将他所有的职能(权力)交给了别人，此外，当组织发展接近青少年时期，行政管理系统进一步加强，程序也在部署之中。健康成长的组织需要制定政策，注明禁止做的事情（等同于决策的程序化）。而决策程序化程度越深，采取分散经营而不会丧失控制权就越容易。

于是，对于管理人员进行这种建议的有效性，需要就组织处于生命周期中的阶段加以分析。如果想要改革成功，时机相当重要。

不合时宜的以及不必要的外科手术

外科手术是改变高层管理状况的最快方法。当然也是最痛苦最有风险的治疗方法。这种方法能够在较短时间内实行，并且十分有效(相对于咨询顾问)，它通常用于一些濒临破产的企业。不幸的是，很少有“组织外科医生”能坚持足够长时间来观看手术的最终结果或者对手术后的并发症负责。

成功的外科医生并不在于他下刀多么快，而在于手术后集体虚弱的情况下能妥善控制好并发症。许多咨询顾问提出一种新型组织管理结构图，他们为公司物色合适的人选，收集经费，确定工作职能。当新的组织结构投入运作，适应期里真正的“痛苦”开始了，痛苦可能是急性的，但管理人员不抱怨任何问题。他们害怕如果他们指出某些问题，另外的外科手术会随之到来，他们宁愿安静地忍受痛苦，也不愿承受另一项外科手术。

当组织改变对于长期成功是绝对必要时(见图6)，如果在错误的时间实施治疗，那么不可避免病症会复发，组织也拒绝服从这种治疗方法，如果外科手术很痛苦，没有效果而且仅仅作为一种治疗方法，组织出于自我保护可能拒绝接受手术，特别是当问题甚至不是十分明显时。通常情况下我们只有在面临一场危机(例如，在早期官僚机构阶段)时才能进行企业改组。在这个时候外科手术是在所难免的，然而，当治疗的效果不是那么痛苦时，我们还是应当适度地治疗——在生命周期的最佳阶段。在那个时候，组织氛围趋于改变，出于企业组织的增长以及对未来的预期，人们从创新中体会到的威胁小得多，而且可以进一步地最小化。在早期的官僚机构，当经济效益较差而且气氛中夹杂着怀疑与猜忌时，改革只会增加恐惧与担忧，而不是消除了它们。

如果组织是贵族组织，我们建议要实行一种非解雇政策，这样，用六个月时间改变组织内部环境，从而使人们感到如果要得到外部增长的机会就有必要进行内部改革、重组(不是解雇，只是资源的重新分配)以及实施再培训计划。所有这些治疗方法都十分有效。

总　　结

我们给出了将组织进行编码形成的模型(**PAEI**)，生命周期中不同的行为模式使得我们对需要发展的管理角色进行预测，如果组织希望常葆青春，我们也建议了一些可以考虑的改革方法。这个管理模型还能用来阐明，在执行组织重组的过程中，咨询顾问可能会犯的错误。

在本书的下一部分，我们将讨论如何训练和培养好的管理人员，如何构建互补的管理团队，以及如何利用 **PEAI** 管理模型来改造组织环境。

第三部分
完美管理者

第 9 章

成功的管理者

简单的回顾

前面的内容以 **PAEI** 理论为基础描述了不同类型的管理失效。有的管理者像钟摆那样不停地重复机械的活动；有的管理者墨守成规、官僚作风十足；有的管理者乐于改革，但却像纵火犯一样危险；还有的管理者永远信奉“随大流”的处世原则，使组织内部一团和气却潜藏危机。当然，还有最糟糕的“木鱼式”管理者，他们是没有思想的木头人。**P**、**A**、**E**、**I** 共同构成了有效管理的元素，缺乏一种或几种素质都会导致管理失效。

四类管理角色缺一不可，单独的任何一种都无法形成充分和有效的管理模式。管理者在发挥某一方面优势的同时不可忽略其他方面。生产型管理者应当是 **Paei**，而不是 **P－－－**，规范型管理者应当是 **pAei** 而不是 **－A－－**，如此种种。**－A－－** 模式失效的原因不是过分

突出了 **A**，而是忽略了 **P**、**E**、**I**。

有效管理模式与失效管理模式

成功的管理者与失败的管理者的区别在于后者缺乏某种管理素质。我们试着在下面的表中比较不同的管理模式。这里假定在任何一种情况下 **P**、**A**、**E**、**I** 或 **p**、**a**、**e**、**I** 分别代表单位量。两类管理者的根本区别在于失败的管理者不能发挥某些管理作用而成功的管理者却能相对均衡、完整地使用各项管理手段。

缺乏某类角色的管理模式		相对均衡的管理模式	
P - - -	= 独行侠	Paei	= 生产主管
- A - -	= 官僚	pAei	= 执行主管
- - E -	= 玩火者	paEi	= 企业家
- - - I	= 随大流者	paeI	= 整和者
- - - -	= 木鱼	PAEI	= 完美管理者
PA -	= 监工	PAei	= 统治者
PA - I	= 慈善的王子	PAeI	= 牧羊人
- A - I	= 模式化的官僚	pAeI	= 合群的执行主管
P - - I	= 二流教练	PaeI	= 向导
P - E -	= 没有前途的创业者	PaEi	= 奠基人
PAE -	= 独行者	PAEi	= 开拓者
- - EI	= 煽动者	paEI	= 导师
- AEI	= 失败的领队	Paei	= 干劲十足的新人
- AE -	= 喉咙里的刺	pAEi	= 魔鬼的支持者
P - EI	= 有号召力的领袖	PaEI	= 政治家

“完美管理者”的童话

经济学理论提供各种工具用来预测单个企业行为。在一定情况下企业提高价格而另一种情况下降低价格。经济学只关心为什么提价和降价而不关心怎样提价和降价。经济学用“企业”这一概念把集体决策抽象为个人决策。

管理学理论中充满了类似的假设。我们假设管理者融计划、控制、激励、决策等角色于一身。然而，现实中没有人同时把这些角色扮演到最好，它们是一个复杂的过程。有人善于计划，有人精于组织控制，还有人擅长激励。

有些管理者很善于把计划和理念概念化，但却不能有效地实施；还有些管理者敏感且善于沟通但在面临重大决策时却束手无策。

尽管没有完美的管理者我们仍然不遗余力地寻找那些三头六臂的经理人。一些管理学家在领导者研究领域只关心个人能力（菲德尔），他们几乎得不出令人信服的结论，他们研究的主题是个人领导者而不是领导集体。由于研究主体不当，他们构建的模型不具有预测能力，因为组织中其他管理者的作用被忽略了。

传统的管理理论假设一个万能的管理者原型，他可以用相同的方式在任何组织、任何环境下完成所有管理目标。显然，这些理论无法在不确定的现实中使用，它没有告诉我们在不同状况下如何使用诸如计划、组织、激励等管理工具。传统理论不利于培养真正的优秀管理者，久而久之，这种教育方式培养出的 **PAEIs** 在毕业走上管理之路时，将无法应付各种复杂状况。完不成应当完成的工作使他们有强烈的挫折感，这些商学院出来的“精英”们看不到自身的弱点和别人的弱点因而成为组织发展的障碍。

财务、营销和金融工具对企业发展固然有用，但期望一个人掌握所有这些工具是十分错误的。传统的商学院幻想学生们都是 **PAEIs**，学生们日后的部下也都是 **PAEIs**，现实的结果却让他们屡屡受挫，他们只会对周围的共事者产生不满。

我们在下一章会详细介绍如何培育管理者。让我们回到一开始提出的问题：如果不存在 **PAEI**，如何解决管理失效的问题。

什么是优秀的管理者

优秀的管理者不是同时具备各种优秀素质的“万能”管理者，优秀的管理者首先是团队中的成员。他应当有以下九个特点：

1. 虽然不能同时把各种角色扮演到最好，却能综合地运用四种管理手段（**P**、**A**、**E**、**I**）。在某一方面他胜人一筹，在其他方面又能配合他人。在 **PAEI** 模式中，他没有空白。
2. 他了解自己的优势和劣势。
3. 他会融入身边的环境，主动地接受共事者的反馈，以评价自己的表现。他明白行动可以说明一切。
4. 他对自己的评价很客观：既有优点，又有缺点。
5. 他会冷静地接受自己的弱点，而不会在短期中牵强地改变自我。
6. 他能看到别人的长处，甚至是在自己不擅长的方面。
7. 如果别人的判断优于自己的判断，他会愉快地接受对方的观点。
8. 他能正确处理冲突，当然这些冲突是不可避免的，因为一个有效的管理团队是由风格与追求不同的管理者组成的。
9. 他会积极地营造一个学习的气氛。

> 优秀的管理者往往能够营造一个良好的环境，从中他能取其所好。
>
> ——拉尔夫·阿尔本

下面我们深入地分析这些特点。

一个素质全面的人

本章开头的表中列出了 15 类实效的管理模式，拥有这些特点的管理者都缺乏变通，每类人都在一个或多个方面空白，自然也同该方面的强手格格不入。在十分极端的状态下就会产生钟摆式的、官僚式的、纵火者式的、随大流式的“怪人”。

好的管理者既不是童话中的“万能人”，也不是缺胳膊少腿的“残废”，他们优劣共存，或者 **P** 上很强，或者 **E** 上很强，这些优点存在的前提应当是不妨碍其他管理角色的正常发挥。

这里有一个类似的很有趣的理论。斯托姆(*storm*)在他的理论中描述了美洲印第安人划分不同性格、预测个人成长的轮型图。这个轮子由许多分别指向东、南、西、北的小石子组成。图中不同的性格、图腾物、动物图案、颜色与不同的方向相联系。比如，北方代表着智慧、水牛和白色。斯托姆认为，人们在一出生时就被赋予了四个方向中的一个方向，我们从这个方向出发，用最初的直觉认识世界，这种直觉在一生中都是最简单、最自然的。

一个人如果只有一个方向上的直觉，他将是不完整的。一心向北的水牛聪明但却冷酷无情。直刺东方的鹰眼光长远却不脚踏实地，当他飞得很高时却忘记了“高度”带来的不利因素。从西方出发的人们总是在决策中思前想后，优柔寡断。从南方出发的人“鼠目寸光”，他们只顾眼前利益，其视野永远超不出眼前很小的范围。

对不同性格特点的描述与不同类型的管理失效很相似。独行而排他的企业家（－－**E**－）就像是那只鹰，他飞遍蓝天，期望追随者望其项背，却从来不关心实现目标的具体细节。一个纯粹的生产主管（**P**－－－）就像是那只老鼠，他工作勤奋却目光短浅，只有短期内的、周围的东西引起他的注意。斯托姆是这样描述他的：视野狭窄，只关心自己周围很小的领域，总是忙于收集数据、信息、目标材料甚

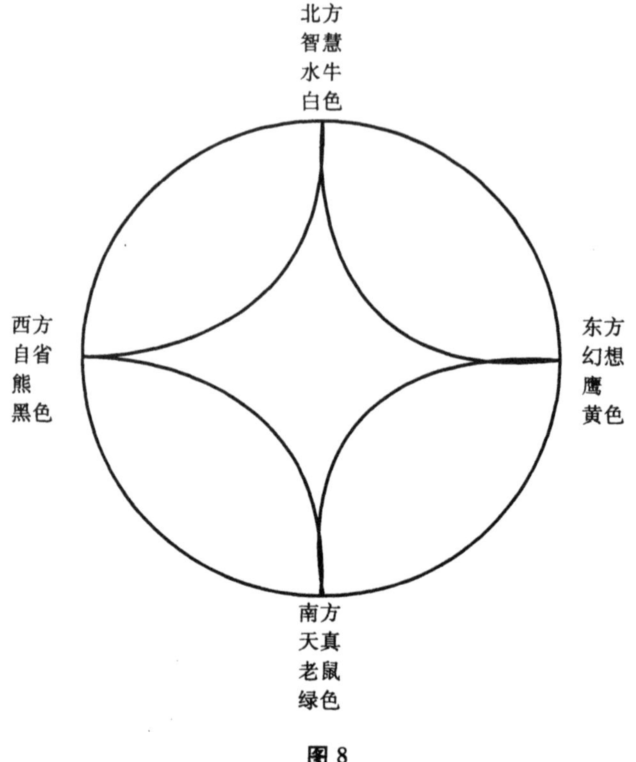

图 8

至是管理理念，但是由于从未试着放眼世界，把自己的栖息地同广阔的大草原相连，自然无法真正理解和运用辛辛苦苦收集来的东西。强壮而迟缓的熊象征着那些反反复复、优柔寡断的执行主管（-**A**--）。〔很可惜，轮型图中没有与随大流者（---**I**）对应的性格特点。〕

斯托姆认为人们出生时就带有某种主导性的认识倾向。部落宗教领袖的角色是让每个人把自己置身于具有不同认识倾向的其他人之中，直到性格完善。天生似鹰的人必须认真了解老鼠的生存之道。

找不到完美的 **PAEI** 并不意味着我们无助地接受管理失效的现实。我们要努力扮演好自己熟悉的角色。同时填充其他角色的空白，寻求长远发展，承认不存在完美。寻求发展的前提是了解自我。

不幸的是，实践中很多企业的做法没有印第安部落首领的做法明智。一个擅长生产管理的 **P** 被永远地放在一个位置，最多在垂直的轨迹上升迁。日积月累，他疲惫不堪，只能沦为木鱼似的管理者。

了解自我

一个好的管理者需要充分认识自我。我们必须清楚地知道在 **PAEI** 模式描述的四种素质中应该发挥哪些长处克服哪些短处。

> 让深处其境的人们了解自己是世界上最难实现的事情。
>
> ——米格·塞万提

多数人并不了解自己。在评价自我时，我们似乎被施了催眠术，变得头脑不清。我们曾自负地认为自己是敬职敬业的生产主管、一丝不苟的执行主管、创意不断的企业家和人缘甚好的领导者。事实上却是我们存在自负或自我贬低的偏见，我们并不了解自己。

在我看来，我们的行动以及这些行动对他人的作用构成了对自我的定义。人们不会通过“他说了些什么”来了解一个人，人们只观察“他做了些什么”、“如何做的”。

这种存在主义的、实际行动上的认识过程意味着只有充分融于环境，接受来自外部的反馈才能真正的认识自我。我们必须清楚自己的行为如何影响他人。为了把这一点做到最好我们必须足够开放地倾听和接受别人的评价，哪怕这些评价出乎意料，否则我们只能生活在自我营造的错觉之中。

> 能够客观的认识自己是很可贵的品质。
>
> ——罗伯特·鲍尔恩

我在墨西哥工作期间遇到了一件十分有趣的事。这个例子能说明我的一些观点。我学的是传统西班牙语，但一次演讲中我一直在说现代西班牙语，这使我的听众们有些糊涂。我问其中懂英语的人我都说了些什么，这样我就可以明白问题出在哪儿了。

他告诉我“你问大家是否感觉到你了”，而我真正想问的却是“你们可以听见吗”。

这件事让我哭笑不得。五百年前，西班牙语中的动词“sentir”是指“听见、听和感觉”，而现代西班牙语中“oir”的意思才是“听见”，“听”是“escuchar”，“感觉”是“sentir”。通常人们只说“听见”和“听”，而不说“感觉”。为了更好地了解自我，管理者需要自由而直接地与分散的外部环境保持沟通。他能理解听到的或正在听的评价，一个对自己不陌生的管理者首先应当对别人不陌生。

> 了解自己需要借助于自己以外的另一个人。
>
> ——斯卡伯特

接纳自我

优秀的管理者不会强迫自己模仿他人。他会客观地接纳自我，而不至于有失偏颇。他清楚自己的优点和缺点，并且愉快地接受他们。

接纳自我并不意味着停滞不前。只是在有愿望提高自我时，多些冷静，少些“新年誓词”似的豪言壮语。

> 对于别人来说，一个人不能严于律己是最大的弱点。
>
> ——亨利·巴尔扎克

在一些心理测试中,有些管理者表现出强烈的“任务取向”。他们只关心如何完成特定的任务。心理测试结束后，别人告诉他“你应该更加以人为本”。然而，这种有限的反馈并不能真正地改变管理者的行为方式。如果自身能够意识到“以人为本”的意义，状况早就可以改善了。这种简单的心理测试只能打击他的自信。结果是，非但没有改善他们的行为，反而增加了他们的心理负担。他们更加困惑了。

心理测试并不能使一个人接受自我。只有自身逐渐成熟起来才能真正了解自我接受自我。年轻人为梦想奔波，到了成年，他们学着接受现实，一个成年人知道自己的局限性，他们不会因此而焦虑，他们懂得爱护自己。

在和他人的交流中，我们坦诚相对，虚心听取他人的评价，以求认识自我。我们必须主动地探寻自身的优势和劣势。这样可以帮助管理者在 **PAEI** 模式中给自己定位。下一章我们会详细讨论如何收集外部的反馈信息，用以帮助我们了解在不同的管理角色中我们表现如何。

前面的这些理论并不新鲜，行为心理学家早在多年以前就指出管理者应当是成熟的和客观的行为人。

客观的自我评价

马斯洛认为，能够客观评价自我的人可以像接受他人那样接受自己，如果别人做得不好，他不会躲躲闪闪，而会十分真诚。然而，这类人以行动为中心，他们对自己或者对事情的进展永远不会百分之百的满意。

他们胸怀坦荡从不掩饰自己的真实感受，因而真实客观的人拥有良好的人际关系。当然，这种友好关系被限制在一定的人群中，而不是泛泛的所有的人。

客观评价自我的人往往正确和有效地评价人和事。总而言之，他们总能去伪存真发现本质。

这类人用好奇和愉快的心情面对日常事务，他们总有敬畏、好奇和愉快之心。有时甚至把喜悦表现在脸上，面对困难他们坦诚而有条不紊。

另一方面，能够客观评价自我的人十分自信，敢于坚持自己的观点。在思考和行动中，他们主动而独立，有指引自己行动的标准和原则，不会人云亦云。

他们乐于取长补短。马斯洛研究证明，这类人会和身边任何人进行充分的交流，别人难以启齿的问题他们会主动提问，他们不会因为害怕犯错而缩手缩脚。

其他心理学家，如贝尔先生把这类人描述成成功者，他们十分自信，自我实现的意识强烈，坦诚而目标明确。他们更关心如何解决问题，而不是过分地关注自己。

贝尔认为，这些成功者心智十分健康，能够主动和客观地认识自己，他们对现状很满意，真诚地接受自己的缺点，由于他们根据自己应有的标准判断生活的质量，他们总是跟着自己的感觉走，信任自己的判断，乐观向上，精力充沛。

成功者领导的组织也出类拔萃。他会有效地运用系统管理的手段实现管理目标。公司的员工士气总是很高，雇员们兢兢业业，充分发挥潜力。成功管理者的目的是实现长远的目标和培育，激励、整合优秀的团队。这种管理模式富于创新，生机勃勃。

成熟的个性风格 阿吉里斯(*Argyris*)给出了一个对比成熟与非成熟个性风格的方法。如下表所示，他认为成熟的管理者积极主动，独立而沉稳，灵活变通，兴趣广泛，意志坚定而眼光长远，他们状态超然，了解自我，不失控制力。

挖掘“千里马”

在了解自己之后，你需要取长补短或者说发现别人身上的长处。为实现有效的管理，我们应当全面地了解管理的各个环节和不同的管

阿吉里斯模型(非成熟与成熟个性的特点)

非成熟	成熟
被动	主动
有依赖性	有独立性
僵化刻板	灵活变通
单调乏味	兴趣广泛
目光短浅	高瞻远瞩
状态不佳	状态超然
自我失控	理性客观

理素质。

打个比方，我们对“雪”的概念与爱斯基摩人对“雪”的概念大相径庭。前者过于笼统。后者用五个不同的词形容不同的雪，它们是：雨夹雪、粉末雪、花瓣雪……特定的生活环境让他们对“雪”有着特殊的定义和分类。

类似地，为了充分地理解管理的过程，我们应当全面地了解不同的管理素质和它们之间的相互配合。由于不存在万能的 **PAEI**，我们必须找到不同特长的人们以补充自身缺陷，做到“八仙过海，各显神通”。

思维方式单一的人们无视他人的优点，他们不懂得接纳和欣赏。

钟摆式的管理者只雇用没有头脑的跟班，他们乐于和其他“钟摆”打成一片，他们怀疑甚至诋毁那些刻板的执行者，惧怕进取心强的“玩火者”，他们无视团队中的主流力量，千万别指望他们发现和任用“千里马”式的管理者。另一方面，那些刻板的执行者总是试图回避进取心强的“玩火者”，同时千方百计地控制那些呆头呆脑的“钟摆”们。

仅仅了解自我不能成为一个好的管理者。我们还需要全面地了解管理的其他要素，发现自身缺陷，寻找精英，优势互补，尊重人才，承认集体的互补性。

兼容并包

为了成功地实现PAEI模式，我们需要一个管理团队，它由两个或更多的个性互补的管理者组成。现实中，多数管理者自视清高，不愿意和其他人合作，他们习惯了孤军奋战，不愿接受帮助。

如果你强迫一个不能正确认识自己的人接受帮助，他会把因失去自信而变坏的情绪发泄在周围的雇员身上。如果强迫一个认为自己是天才的管理者接受他人的帮助，他会成为团队发展的最大障碍。独裁者总是抹煞新思想，并通过非正规的方式领导集体，甚至草率决策和一意孤行。

如果你是一个管理者，你能接纳异己吗？你能正确认识自己的局限性吗？你能容忍某些领域比你做得好得多的人在身边吗？你能意识到既然自己不是“超人”，就必须学会“纳贤”吗？

> 我周围的人总有某些方面比我做得好。
>
> ——拉尔夫·伍德·埃默生

由于上述原因我们不应该界限分明地划分精英和从属。这样容易让他们联想到管理者就是**PAEI**，而从属者就是打打下手。只有个人崇拜泛滥的“斯大林时代”，这种精英和从属的区别才显得“重要”。如果我们试图营造合作互补的管理团队，必须摒弃这种偏见。好的管理者离不开优势互补的团队的支持。

> 在陌生的领域，每个人都是无知者。
>
> ——罗杰维尔

面对冲突

PAEI 管理模式由风格迥异的管理者共同组成，冲突不可避免。优秀的管理者必须正确面对冲突，接受和尊重不同的意见，寻求统一的策略。让我们研究不同特点的管理团队。

团队 1	团队 2	团队 3
P – – –	Paei	– – – –
– A – –	pAei	– – – –
– – E –	paEi	– – – –
– – – I	paeI	– – – –

团队 1 组成了 **PAEI**，但冲突却无法调和，不同特点的人无法同他人相处，每个人的行事方式都是固执而缺乏变通的，他们不能容忍别人的灵活变通，这样的团队会在短期内解体。

团队 2 的状态最为理想，每个人都有自己的个人意见，但分歧却是建设性的，因为团队中每个成员都有足够的胸怀接纳别人的意见。

团队 3 死气沉沉，四个木鱼式的人物总是保持沉默，自然也谈不上冲突，有效的管理活动总有冲突相伴，一定程度的分歧往往有利于组织的发展。多年以前，有人就认为适度的分歧能够推动组织发展，只要程度得当，一定的摩擦力有利于更好地运转。

但是，很少有人愿意靠近充满火药味的冲突，他们回避摩擦，避免陷入激烈的争论，如果别人的行为否定、忽视甚至攻击自己的观点，他们往往失去立场。

> 坚持自己的观点，不要让自己毫无立场。

因而，仅仅了解自己、接受自己和接受别人是不够的，如果在第一次冲突后你就缩手缩脚，或者总是“一团和气”，你将一事无成。

营造学习的气氛

如果冲突是不可避免的，并且有迹象表明组织正向有利的方向发展，我们如何控制和利用冲突呢？优秀的管理者善于营造相互支持的学习气氛，身处其中，冲突成为了学习的机会和发展的动力。

在这样的环境中，人们相互学习，分歧成为受教育的契机。

做到这一点谈何容易，只有一个相对成熟和稳健的人才能游刃有余地处理冲突。现实中组织的结构和理念限制了人们成为优秀管理者的可能性。我们将在后面的章节中进一步讨论。

循序渐进

成为优秀管理者需要接受一系列的历练，任何一环没有做好就会导致不同程度的管理失效。

我们首先要搞清楚是否了解自我，接着讨论如何认识自我。我们要与周围的环境保持沟通，听取外部的评价。我们还要乐于接受新的理念，在反馈与预期不一致时，我们应该坦诚接受。在接纳自我的同时承认自身存在缺陷。

总是回避缺点的人终会远离现实，他们的 **PAEI** 组合中迟早会出现空白，那时，管理失效便会蔓延。

知己知彼，懂得取长补短的人总是重视集体的力量，他们常常提到“我们”而不是“我”是如何决策的，这并不仅仅是谦虚或者礼貌，这的的确确反映了团队决策的重要意义。

成功的企业承认管理者个人行为的局限性，正如麦当劳连锁企业的总裁 Ray Kcroc 的一句话：“我只是个乡下来的孩子。”虽然他不掩饰自己在金融和高级管理技术上的无知，他总能以伯乐的身份聚集人才，开创事业。

这个理念并不是很容易就被接受。很多企业家说自己的角色是

“发掘人才”，并让他们“相互协作”。实践中，这一十分重要的原则总是被忽视。不自信的经理人很难接纳贤才，他们害怕“别人做得太好”。他们周围只剩下平庸之人。这就好比一个养马人，他整日把骏马囚于厩中，却总梦想着赢得冠军。

能够认识和接受自我之后，我们还要发现和尊重别人身上和自己互补的品质。人们很难以己之短比照他人之长。如果真正做到了这一点，下一步就是学会和他们相处了，或者说在某些方面发挥他人的一技之长。

在组织的研发部门（R& D），精英——从属——精英的人力资源关系被广泛地接纳。部门经理手下也许会有若干“天才博士”，也许这些人生性具有企业家的野心，而他自己却只是照章办事的执行主管。其实这并不可怕，关键是部门经理不要存有既想做最好的研发人员又想做最好的科研管理人员的幻想。他的工作是组织协调和提供支持，而不是与团队的其他成员竞争。

任何组织都需要这种协作关系。为了使团队表现出色，团队的成员必须在某些方面比他们的领头人更胜一筹。

优秀的管理人才要善于同手下充分合作，在团队中保证每个成员都有“独门绝技”，通过恰到好处的利用意见分歧创造一个相互学习、共同进步的氛围。

第10章

管理者培训:追求完美

发展和培训:个人管理素质的培养与管理方式的改变

管理作为一门学科和专业在20世纪的兴起促进了管理学教育的发展。商学院管理学课程试图教会学生们所有的管理素质，甚至想把一个没有什么管理学基础的人变成一个实践中的“管理大师”。这一切都被管理学史忠诚地记录下来，那里面讨论了诸多训练管理人员的经验、方法和其经历的历程。

然而，这一切努力在一开始的定位上就发生了错误，他们的目标是造就一个拥有所有优良管理素质的“童话人物”：他在哪方面都很出色，能够把每个角色扮演到最好。在这一理念指导下的管理学教育本身就是错误的，因为教科书中的那个完美的管理者只是概念化的东西而不是活生生的人，尽管在后来的管理学描述中修正了这一抽象概念。他们试图把研究建立在对管理实践和管理功能的实际观察上，但这种努力的结果却没有在具体的实施中发挥作用。明兹伯格定义了十种管理角色，比费约尔的定义多了六种，但怎么能期望某个人同时掌握这十种技巧呢?

在 **PAEI** 模式中，不同管理技能的培训应采用不同的方式。以生产主管和执行主管的培训为例，多数情况下他们的工作与相关的某个领域联系紧密，这些技能的培养只有在工程院校有针对性的职业培训和严格的组织规章制度的约束下才能实现。近年来，信息管理系统的发展为我们开辟了新的管理学领域。在其中也有针对生产主管和执行主管培训的问题，这一切都要求我们不断更新管理人培养的理念。

在培育诸如创新和整合等高层次的管理素质中，我们不能指望通过书本达到目的。只有在实践中才能“修炼”成功。最近，管理学界付出了很大努力试图发展一套培养“整合管理”素质的方法，一些十分典型的想法被运用到提高整合素质上。它们出现在行为科学、情商培育以及“T 型团队”的训练中。研究表明，训练的成效受组织整体气候的影响，效果的好坏要看培训中使用的理念在组织中是否有亲和力。

有人试图培养出一批管理者，他们富于想像力，能够创新性地作出决策。例如在著名的联邦管理学院，存在一个为期六周的短期培训项目，只要求参与者把多数时间用在“天马行空”的思考过程中。

本书阐述的理论有一个重要的方面是通过改变环境来促进整合管理与企业家素质的培养。改变环境就是要培育新的整合理念，掀起聚合创新思想的浪潮。然而，即使培训和发展的计划按设想予以实施，组织中固有的惯性力量会影响最终的结果。下面我们深入分析组织中阻碍计划实施的因素。我们的目的是找出障碍并设法排除。

培训和发展面临的障碍

高层管理组织的缺陷

管理人员身上潜藏着各类管理素质，有些是十分隐蔽的，有些是易于表现的。在日后的发展中，有些素质被永远的尘封，换句话说，从本源上讲我们都是**paeis**。组织环境决定了我们发展哪些素质，荒废哪些素质。如果不加限制，人们总期望接受挑战，淋漓尽致地发挥所有管理才能。

现代组织结构不利于人们发挥管理方面的某些才能，相反，它阻碍了潜在才能的发挥。它限制个人的发展，阻止完整人格的形成。让我们看一下现代等级管理组织：它们着眼于个人力量，如果一个人精于执行和控制，他将因此而升迁，但也仅限于垂直的系统。长期以来，管理人员组织和控制的才能被挖掘干净，而其他各种素质却严重萎缩，这非常不利于组织的发展。

军队中这种现象很普遍。一个好的士官和参谋永远不会得到信任去独立完成真正的军事任务。因为，指挥官们已习惯于这些人跟随其后，成为其出谋划策的工具。具有讽刺意味的是，正是因为他们在某个领域做得十分出色，他们一辈子被限制在单一的角色上。

如果一个**PAEI**在组织控制上表现出色，他将会被放在组织控制的角色上，后果是其组织控制的能力越发加强，其他能力趋于空白。当然，在组织控制这条垂直的直线上，他或许能够升迁。

管理失效的一个很重要的根源是对工人和管理层的严格划分。即使是从大批工人中选择个别精英，也只是为了培育优秀的生产管理者，如果想发展、控制创新和整合能力简直是难上加难。那些从学徒干起的管理者逃不出“钟摆”式管理者的命运。它们置身于生产建设，根本没有机会均衡地发展自己的管理素质。

在某些组织的最低管理层，执行主管工作性质十分单一，没有人期望工人会成为组织控制和整合创新的专家。相反，高层管理者惧怕较低层次的雇员们发生整合，因为非正式组织的力量和非正式的领袖会使管理者感到恐慌。

在稍高一层次的管理层面上，控制才能略有发展。但除非幸运的执行主管能够爬到副总裁的位置上，没有人期望执行主管广泛地发挥创新和整合的职能。当然，层次越高，就越要求执行主管具有一定的创新性，也会允许他们参与更广泛的沟通。可是从执行主管自身角度讲，他们已经失去了发展其他素质的热情。这或许是因为那些潜在的素质早已在二十年的“历练”中被压抑了。

我们的教育体系也不尽人意。多年来我们把孩子培训成有一定依赖性的年轻人，当他们毕业的那一天又被期望一夜之间长大成人。他们必须立刻面对现实，这一切对他们也许还十分陌生，结果是多数人从依赖家庭转向依赖组织，他们永远也不能真正的自由决策和承担责任。

商学院传统的教育思想纵容了这种依赖性，刻意培养了那些循规蹈矩的“执行者”。有很多理由相信信任一个科班出身的管理者对企业发展而言十分“危险”。他们永远也解决不了实际问题，因为他们远离第一线。他们的终点是奴隶主一般的“监工”**PA**－－ 他们无视下属的反馈意见。更有甚者，他们荒唐地建立了一套规则让所有人都认为他们是全能的**PAEIs**。罗伯特·汤森曾戏言：“千万不要雇用哈佛商学院出来的 MBA，因为他们自视高深，眼高手低，总想着当总统，而不是团队合作者。”

一个负责任的经理人不是在课堂上教出来的，而是在实践中干出来的。中国的企业要求生产者定期到第一线挂职锻炼。这样使他们总能贴近工人，了解团队中被领导的成员，类似地，以色列军队中盛行指挥官回到第一线的做法，这样使他们清楚如何把合适的人派到合适的地方。当然，从一线中选择工人与管理层交换位置也是很有效的做法。在南斯拉夫、秘鲁、德国、挪威和瑞典，老板们把工人放在管理队伍中使第一线的生产者理解他们的苦衷，从而更加合作和高效地完成各项职责和任务。

组织中的每个人都应该被赋予发挥各种潜能的机会，这样不仅使他们充实自我，还使他们充分了解周围的伙伴。通常营销人员并不熟悉生产的过程，而生产人员又体会不出市场开拓的压力。如果让他们相互交流，组织中将会产生新的亮点，只有发挥了潜能，管理人员才能高效而负责，尽管很多人认为以营利为目的的组织不会花如此大的力气来培养管理团队，长期的利益却最终说服了他们，毕竟短期利润比不上组织的长远发展重要。

在以色列军队中平行调动是一项重要的政策。只有熟悉了与之相关联的各个位置，军官才可能被提拔到更高的层次。他熟悉整个组织的各个角落，无论是司令部还是野战部队的训练单位。

在爱迪思方法理论中，建立了信息共享的网络系统，生产一线的人熟悉营销人员的工作进展，营销人员又帮助财会人员完成决策，如此等等。这就是所谓的当局者迷，旁观者清。在美国，很多医生不给自己的家庭成员看病就是这个道理。而且这种互补性的支持系统让人们更加全面地理解他人的工作，更有助于完善性格。

恶性循环

除了直线性的片面发展一项管理素质之外，组织中还滋生了其他引起管理失效的因素。

从内部结构来讲，组织的各个层面充满矛盾，如果单一的管理模式泛滥，或者说单一的实效的管理模式泛滥，组织最终没有任何空间培育其他管理角色。

我们假设在组织创建时成功地贯彻了控制和创新的理念，当组织发展时，控制变得缺乏力度。实际上，创建者一开始就反对组织控制，然而，他最终无法回避控制职能的决定作用。结果是组织弃他而去，他的领导权被逐渐削弱。

通常管理者会雇用擅长组织控制的 **pAei** 以求建立控制体系。但是，如果企业决策者是不重视控制的 **P－E－**，**pAei** 的命运便令人担忧了。决策者会时不时地更换财务管理人员和执行人员，而不考虑组织发展的稳健性。显而易见，**pAei** 发挥作用的前提是把 **P－E－**式的决策者剔出去。

随着组织不断膨胀，创业者的个人控制力逐渐削弱，来自外部的经理人员将替代他的位置，摆在他面前的路只有两条：离开或默默地呆在不起眼的位置。

但如果接管企业的是 **A**，死板的官僚作风将大肆盛行。组织中所有的风险爱好者（**E**）、创新者面对两个选择：屈服或离开。锋芒毕露、锐意进取的人在死板的官僚机构中没有生存空间。

总而言之，不同的组织气候倡导或封杀不同的管理风格。这样，管理失效形成恶性循环。

处境最为危险的是那些闲不住的开拓者，生产控制者视他们为不务正业之人。执行主管视他们为混乱的根源。等待他们的命运是控制或同化。同样，重视团结的高层领导（**I**）也把他们视作眼中钉，以防危及其极力营造的团结气氛。更可怕的是，连他们自己都由于竞争而相互憎恨。

如此看来，开拓者们（**E**）真是四面楚歌，聪明的人自然会保持沉默以防成为枪下的“出头鸟”。与此同时，管理混乱的灾难正步步逼近。“猎头”们发现“可塑之才”越来越少了，当然，他们指的是那些有思想的开拓者和心中有大局的领导者（**Es, Is**）。

官僚机构越是膨胀，我们就越是迂腐，创新和整合的思想就越淡化。我们成了固定程式中的一个元素，我们身上的领导素质慢慢消失。

纵观美国历史，大量外国移民中的开拓者们造就了一个又一个神话。广阔的美洲大陆为他们提供了充分施展才华的舞台，然而，随着人口的增长，空间变得越来越小，高科技的发展推动了巨型组织的产生，开拓者们赖以生存的绿地渐渐被吞噬。

可以不夸张地说，开拓者（E）是“濒危物种”。技术膨胀的社会在逐渐变成一个官僚而机械的社会，开拓和创新变得少见。我们接受良好的训练成为一群程式化的谨慎小心的避险者。人对生产的控制越来越不重要，程序取代了人。在发达国家，只重视组织控制的培训理念逐渐成为主流。

组织本身的特性造成了管理的失效，而组织生存又需要有效的管理模式。等级制的组织扼杀了赖以解决问题的人力资源。最终形成管理失效的恶性循环。这就不难理解为什么组织内部环境变得越来越不堪忍受。

怎样改变这种根深蒂固的管理模式呢？我们需要做两件事情。第一，培养一支具有团队精神的管理队伍，忘记那些不切实际的造就超人 **PAEI** 的想法。第二，彻底改变组织内部结构。而两者缺一不可。仅仅考虑改善组织结构，忽视结构中的有生力量——管理者，也将前功尽弃。下一章讨论管理者的培训，12 章和 14 章讨论组织环境的改善。

管理者培训的真谛

在引入培训管理者的概念之前，我们需要澄清两个其他的问题：程序化决策和 **PAEI** 模型中的基本管理素质。

程序化决策与非程序化决策

管理的过程就是决策的过程，离开了决策，管理便失去了意义。决策分为程序化和非程序化决策。

在计算机语言中，程序指事先编制的指导计算机完成任务的决策序列。在存货系统中，程序化决策被广泛应用。最低存货水平往往在事先就被确定了，当存货量接近临界点时，计算机会自动打印出提示单。程序化管理的核心是可控状况下的可控反应。

下面给出一个有关程序化决策的具体例子。假设你离开办公室驱车回家，之后的记忆就是站在自家车库门前，中间的过程十分模糊，存留在大脑中的新鲜记忆是离开办公室的那一瞬间，而同时又发生了一些什么呢？你穿过了哪些街道，交通灯哪些是红的，哪些是绿的，万一你记不起来这些信息，你是怎样回家的呢？答案是通过程序化方式。学习驾驶的过程也是程序化的，我们被告知在什么颜色的灯下做出什么反应：红灯停，绿灯加速。久而久之，驾驶成为了一种不需要思考的无意识活动。

相对应的，非程序化决策是指决策者通过对具体状况的判断有意识地做出相应决定。非程序化决策需要决策者收集信息，发现问题，评估可能的应对方案。我们举相同的例子，如果一辆闯红灯的车向你迎面驶来，你将无法采取程序化的反应应对这一突如其来的状况。你必须考虑对方的车速是多少，朝哪个方向驶来，接着，你做出应对反应。各类信息都是现场收集的而非事先给定的。

非程序化决策需要创造性思维和冒险精神。如果不创造性地思考问题将无法判断各种可能的应对措施是否有效，甚至连自己是否置身于常规型化环境下都不得而知。这时他的反应只有遵循老套办法，可那些办法只能用来应对常规环境下的常规状况。管理一线的很多人经常用程式化的方式应对已发生变化的局势。

在对交通事故的研究中发现，多数事故发生在当事人住址的 10 公里半径内，为什么我们在熟悉的道路上反而容易遇到交通事故呢？合理的解释是人们在熟悉的道路上总是无意识地按通常的习惯驾驶。他们似乎总是把“自动驾驶开关”打开，当环境突变时，车祸便产生了。只有我们时刻保持警惕，随时准备做出应对反应，我们才能确保平安。

为什么人们习惯于程式化的开车而讨厌时刻紧张的状态呢？在国外开车的人也许能回答这个问题。在陌生的地方开几个小时的车比在熟悉的地方开几天车还累。面对陌生的环境，我们必须时刻做出非程序化决策，随时制定和评估应对方案，时刻准备面临风险，做出决策。不确定性和风险性使非程序化决策充满惊险，这时忧虑便产生了。

让我们在忧虑和安逸中做出选择，人们总会选择安逸或者说人们总会选择程式化决策。然而老是生活在条条框框中，总有一天会让人烦，只有在程序化决策和非程序化决策中寻求平衡，我们才能恰到好处地控制局势。不能应对特殊情况的人往往缺乏变通，他们只会根据现成的原则办事，而时刻警惕、总是以非程序化方式决策的人们又太过灵活。多数情况下，“常规性”是显而易见的，何必如此紧张？这类人总也闲不住，大脑不停地运转，似乎非程序化成了他们固定的“程序化”的特征。很快，他们就会使自己和周围的人疲惫不堪。

PAEI 模式中的四种管理角色牵扯到不同的决策方式。生产型管理和执行管理往往充满程序化决策。生产过程是运用一系列技术手段完成一系列生产任务。无论是制造、销售还是筹资的过程都是这样。当然，不排除某些状况下也会使用非程序化决策。管理者把这种可能性限制在很小的范围，以便于准确地预测生产的各个环节。

如果上门推销的推销员中断展业，他们将从第一个顾客重新开始，其推销的路经太过程式化了，生产一线的工人也是如此，他们是工程师、生产主管或车床操作员，对他们的训练是完全程式化的，而执行主管的决策过程也是事先确定的，他们需要的仅仅是规章手册、既定政策或指导方针。

很多管理课程和培训项目仅仅是程序化的过程，参与者被限制在特定的任务和特定的管理功能中。

英国因培训公务员特别是海外派出官员而闻名于世，英国人十分善于程序化的控制和管理各类庞大组织。在上任之前官员们将接受深入的程序化训练，他们被告知在何等情况下采取何等措施。这种日常性的标准化的管理模式能使很少的英国人统治很大一片殖民地。机构膨胀的疑虑被彻底消除，在印度的英国官员完全胜任非洲的殖民管理。

在加纳，每个地方政府都有一个专职行政官，他手下有众多中层官员直接向他负责，每隔几年管理层便彻底调整，这一做法正是沿袭了英国人的传统。这些行政官可以在短期内适应新环境，因为不管在哪里，管理的程序大同小异，整个系统就是为便于控制而设计的，哪怕这会导致灾难性的后果，因为对不同的组织和不同的内部结构应当采取不同的管理方式。

与其他两个角色相比，企业家角色和整合角色很少涉及程序化决策，因为实在是没有什么固定的程序告诉他们从哪里出发，如何行事。你可以教他与人相处的技巧，而用不用以及何时用却无法控制。这两种角色具有自发性和特殊性，其实施的过程本身就充满创造性和风险性。

正如我们所见，才思敏捷的企业家没有固定的工作时间和会议日程，他甚至不清楚好主意是从哪里冒出来的！

具有整合思想的企业领袖也习惯于非程序化思维，因为面对不同人群，新鲜的东西总是不断涌现，即便是那些熟悉的面孔也会因为情绪和实际状况的变化而让人摸不着头脑。

至此，我们得出结论，在一个管理组织中应采取不同的管理方式从上至下由非程序化过渡至程序化。

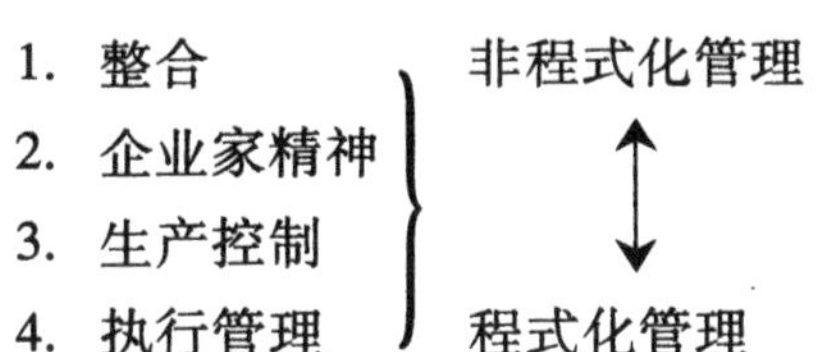

越高层次的管理角色需要越多的创造性思维，因为他们遇到的决策往往没有先例可寻，整合的过程比企业家创造的过程更具不确定性，因为企业家创造的过程较少涉及与人相处的问题。而整合却需要从群体决策中提炼出统一的理念，要想把一群企业家团聚在一起要比单纯完成一个企业家应尽的职责困难得多。整合的过程就是聚合个体创造力的过程，变个体风险为集体风险的过程和化个人责任为群体责任的过程。

传统的企业管理体系中所处位置越高，非程序化决策的份额越大。高层管理人员必须不断提高创新性思考的能力以应对积累的风险，这个残酷的过程会使很多循规蹈矩的管理人员落马，因为他们太过迂腐又惧怕冒险。

我们试图训练程序化思维的生产者和中层管理者，培养非程序化思维的企业家和团队领袖。

训练和培养的内容

简单层面的干预不会改变个人的行为方式，一个不怎么重视整合思想的管理人员不会因为管理学测试表明他在此方面不够出色而立刻转变为精于此道的企业领袖。

改变管理者行为方式提高管理效率是一个漫长而复杂的过程，我们甚至要借助教育机构来完成此项任务。

管理学教育的目的不是创造完美的**PAEI**，无论是培养企业领袖还是普通的MBA，都旨在去除其**PAEI**模式中的空白，使其对自己的管理角色充分定位。传统的商学院标榜“人格塑造”，他们心中的商业精英无所不知，他们会给年轻的学员实施洗脑，并灌输程式化思想，使他们相信自己能够神奇地完成各项管理任务。当无情的现实击败这些书呆子时，他们找不到问题的根源，只好寻找替罪羊，他们埋怨自己遇到了糟糕的下属、同事或老板。

传统的管理学训练也错误地把焦点放在个体之上，即便是企业领袖充分参与，也不要指望短期的训练使他们改变对组织的领导方式。训练结束后，学员们会说：“我说不清到底学到了什么，但似乎它就在我的脑子里，最重要的是我学会了怎么思考。”诚然，培训是个体受益，但整个组织却不会因此而明显改善。

传统的训练错误地认为，优秀的经理人是全能的**PAEI**，他们当然指望学成者有效地提高整个组织的管理绩效。现实证明了他们的幼稚。

管理培训应当以群体为单位，团队中的每个成员不仅要提高个人认识能力，还要提高协同工作的能力，不仅要学会程式化决策，还要学会非程式化决策。在整个训练计划中，我们可以把来自同一组织的五个或更多的人组成一个管理团队。

假设我们以团队为训练对象，并被给予充分的训练时间，我们应该讲授一些什么呢？整个训练应当是全面而不会偏重于某一项技能的培养。营销人员不能只参与营销课程的学习，财会人员不能只参与税务知识的学习，交叉传授知识是十分必要的，这样才不至于培养出"独行侠"、"官僚"、"纵火犯"或者"随大流者"。

管理学的发展经历了若干阶段。很长的一段时间内，财务和工程方面的知识成为管理职业的入门之道。就是现在，这一状况在很多组织仍很普遍。循规蹈矩的执行者就像是平庸的歌手、腿脚不灵的舞蹈者和失去灵感的作曲家，他们没有接受额外培训的机会。

大学里的教学管理人员往往不重视管理学中有关控制、执行环节的课程。特别是在理科院系，他们更重视足够的物理和化学知识，似乎专业知识足以使投资巨大的研究机构正常运转。

显然，专业知识直接决定生产环节的绩效，有效的管理离不开专业原则，它是 **PAEI** 模型中的元素。然而，仅有这些是不够的。市场部的人们不仅应当熟悉营销，还应精通财会。同样，财务主管除了有丰富的财会知识，还要广泛地培养执行、开拓和整合等方面的能力，成为全面的管理者。

有一类十分错误的管理学训练方法，它只重视执行和控制能力的培养，对公务员的培养易犯此类错误。传统的做法是，重视发挥组织的结构职能，充分理解和运用子系统和决策执行渠道的功能。也许公务员与公司执行主管的区别在于前者根本不考虑各项做法的目的和初衷，而工商管理课程教会我们如何确立目标，考察环境和设计对策。片面的灌输执行和控制的重要性无异于照本宣科，根本无法培养合格的管理人员，其结果只是生产出了管理过程中的一个零件。

只重视正式组织结构的管理学教科书同样存在缺陷。他们几乎不涉及非正式组织和组织中的人文因素，但是从行为学的角度看，他们又没有提出如何解决正式组织中的冲突问题。

很多大学的商学院是经济学院的一个分支，原因是人们认为管理学就是“企业家学”。在他们看来，优秀的管理者是懂财经，精于把握风险的人，有经济学背景的人只要学会识别市场机遇，评价企业价值就可以成为企业家。可正如上文所述，仅仅具有企业家素质（E）还不是优秀的管理人。如果没有有力的执行和控制人才，不建立组织管理系统，企业家只能把企业带向灭亡。财富杂志曾报道 Mshulan Riklis 的失败经历，他是十分出色的企业家，在失败后他寻求帮助，让专业管理人才建立了一套执行和控制系统，他的思想和决策被有效地贯彻，企业重新恢复了活力。

行为科学是管理学的前沿问题。在商学院授课的心理学教授认为管理学的精要是人员激励。在其授课内容中，几乎全是如何分析企业内部人际关系和如何实现员工激励。这样培养出来的学生十分重视企业的团结，他们甚至成为“随大流者”。他们不懂决策的科学，也不熟悉营销、生产、财务和控制，他们所做的只能是与员工一团和气。

我们不能取其一而舍其余，管理素质的任何方面都应加强。为了使 **PAEI** 模式中不出现空白，我们要全面地掌握原则化管理，熟悉控制方略，敏锐地决策，果断地应对非常规状况，敢于冒险，同时积极地配合团队的其他成员，正确地处理合理的冲突。

不要迷信教科书。当今活跃在管理界的很多精英都未曾接受正规的管理学教育。他们的成功经验来自于实践。从他们身上能看出企业家和识大局者的风范，他们懂得适应，并且在新环境下充满创造力。他们从不向书本找答案，而只从实际出发，果断自信地做出决策。一家墨西哥最大银行的副总裁高中时就已辍学，而其手下的博士们却十分佩服其领导的才能，他们认为“没有教条的约束可以使他更有效地思考”。

死读书的人变得高度程序化，只知道用所学的模型解决特定的几类问题。就算是新问题出现了，他们依然照搬书本，这样“文不对题”的做法最终会导致危机。他们学会的是没有生命力的死答案，而不是创造性地提出问题。难怪 Ivan Illich 感慨：“我们的教育理念让学生们成了知识的奴隶。”

总而言之，名校不一定出高手。死板和单纯的学习有百害而无一利。

训练方法

训练生产主管（P）和执行主管（A）

训练生产主管和执行主管的方式是直接的。在生产主管的培训中，无论是搞营销、搞工程，还是搞财会、搞销售都离不开专业原则。有针对性的职业培训较为适用。尽管实践经验有利于强化和吸收这方面的知识，但传统的直接教授效果更好。

在执行主管的培训中，组织、系统设计、控制和执行的原则都是确定的。其核心的内容是计划如何制定以及实施的效果如何。

此外，实践也是知识的来源。培训计划中可以设计一些实践环节，使来自不同公司的团队（通常 5 人组成）把课上所学知识运用到实际工作环境中，并且及时反馈实施效果。生产主管之间的交流十分必要，很多组织中拥有众多生产主管，但他们分布不均匀。专业人员可以通过彼此交流创造相互学习的环境。有的主管甚至对整个组织缺乏了解。有人尝试涉及对整体组织运营进行分析的训练环节，使受训者了解生产的整个过程，充分理解组织内部的相互依存。他们会知道自己对整个团队和团队其他成员的意义，从而更好地履行自己的职责。

训练企业家（E）和团队领袖（I）

我们先借助程序化手段培训企业家（**E**）和团队领袖（**I**），这里假设受训人员已具备 **P**、**A** 管理素质。我们的目的是系统地配置这两类人才资源，使其更有针对性地履行管理角色。头脑风暴法提出了原则性的方法来激发管理人员的创造力和整合力。

对整合能力（**I**）的培养是管理学的“必修课”。众多的大学、学院和培训机构在其过程控制、组织发展、代理变更以及亲和力与领导力等方面的管理学教育中引入此类内容。当然，只有在具备基本管理素质的前提下，提高整合能力和“冲突管理”能力的技巧才能发挥作用。如果受训者完全排斥“整合思想”，整个培训无异于对牛弹琴。

培养的途径

“培养”离不开组织环境，如果一个管理者的某项管理素质很难发掘甚至是一片空白，就要求组织环境能够重视和鼓励这两类素质的培养，并且在取得成效时积极反馈。环境的概念很广泛，可以是任务、项目、管理岗位或者组织气候等等。

在深入分析前，我们先区分两个概念：委托和权力下放。委托指把程序化决策的执行和执行责任分散到下层官员，用于生产和控制管理（**P**、**A**）。权力下放则超出了“程序化”的限制，它是指将决策分散化，以征求更多的意见，由下放者承担决策责任。“权力下放”要求企业家（**E**）和团队领袖（**I**）接受来自下层的决策支持。这两类管理内容不能委托，因为他们都是非程序化的。

总之，“委托”和“权力下放”不是同义词。权力下放的前提是给予非程序化决策的自由。组织也必须提供非程序化决策的环境，因为以控制为目的的经理人会排斥非程序化决策的蔓延，维持现有的控制水平，进而阻碍创新和整合理念的传播和发展，最终阻止权力下放的实施，变“权力下放”为“委托”。不难看出“权力下放”是培养创新和整合素质的途径。

假设 **PAEI** 模型中，一个管理者的生产管理素质（**P**）为空白，如“官僚”、“纵火犯”和“随大流者”，或者控制执行的素质（**A**）为空白，如“钟摆”、“纵火犯”和“随大流者”，我们如何才能填平这些空白呢?

培养生产主管（P）和执行主管（A）

在对生产主管（**P**）和执行主管（**A**）的培养中，我们有意识地向他们委托任务，该任务的完成需要充分发挥生产和控制的职能。由于发挥效果的好坏影响他们对“自我实现”和权力的追求，而在人物中的表现直接说明生产管理素质（**P**）的高低，管理者将有机会充分发展这一方面的能力。销售和生产线上的工作符合这类人物的特点。其反馈路径短，而且无时滞。

培养管理素质的过程是痛苦的，我们必然暴露弱点，惧怕失败的人对此难以接受。如果他们遇到挫折，往往会因为自身的原因退下阵来，在他们看来管理任务既不能带来满足感又没有回报。

执行主管（**A**）的角色有以下几项内容：系统化，命令执行，权限控制，确定条件下的运营，保持可预见性，持续的重复和适宜的日常性工作。只有在忠实执行控制的任务中才能更好地培养执行主管（**A**），这类任务常常出现在生产计划、财务或传统的人事工作中。

一个不受约束的玩火者（**A**）在短暂解除“森严”的执行和控制系统后会受益匪浅。

久而久之，组织越来越有利于培养生产主管（**P**）和执行主管（**A**），而不利于培养企业家（**E**）和团队领袖（**I**）。

培养企业家（E）和团队领袖（I）

大型组织并不欢迎思想活跃的管理者（**E**），在那里只要老板是企业家（**E**）就足够了，金字塔塔尖以下的人不需要，也不能有这类管理素质（**E**）。如果该组织需要新的 CEO，只能寻求“外来的和尚”，因为组织内部没有培养企业家的土壤，自然也出不了什么企业家。难怪多数管理人才认为“跳槽”是升迁的捷径。

有这种理念的管理者（I）不会像企业家（E）那样处境艰难和备受歧视，但组织内部不会单纯地鼓励这些管理思想的发展和成长。组织有明确的目标和任务导向。他们“只看结果不认人”，为了实现目标，他们会尽量弱化组织内部的人际关系。这样一来，组织内部只有岗位和职能联系，而没有人与人的沟通。这使整合力大大削弱。

培养团队领袖就要把管理者置于相互协作的团队中，考验他们与人合作的能力，让他们学会倾听和接纳反馈，学会分享他人的感受。给他们装上“内耳”，控制那些存在于现象背后的东西，用第六感理解本质，全面深刻地认识局势。

发展的过程总伴随着痛苦，而且只能缩小不能消除。对一个完全没有整合理念的人来说，克服缺陷的体验是刻骨铭心的，多半情况下他会拒绝继续体验和继续暴露弱点。

事实上，在一些极端的例子中，那些只具备一项管理素质，完全缺乏其他管理素质的管理者在扮演其他角色的体验中效果不佳，这些体验对他们冲击很大，感觉上难以接受。如果非要改变其管理作风，也许得求助于心理医生。反复的体验和不断加强的反馈只对“可塑之材”产生作用。

我们举一个有关“心理卫生”的例子。一些人面临不确定条件下的决策手足无措。一个有效的治疗办法是让他们体验制作电视节目的过程，电视节目的制作过程包含着不同程度的不确定性。接受治疗者此时必须面对从“确定状态”到“不确定状态”的转变。他必须学会加入团队，与其他成员合作完成任务，并从团队协作中获得乐趣。类似的是，管理活动中也充满了不同程度的不确定性。管理者也必须逐渐学会应对不断加强的不确定性。

组织以外的某些活动有助于培养应对能力和聚合人心。比如说大型工业企业，可以组织所有员工参与文化艺术活动。位于洛杉矶商业区的一家银行拥有一座专供展销会使用的礼堂，如果这家银行的管理人员和普通员工利用礼堂为员工、客户或者家属们表演节目，等级造成的隔阂将被完全消除，组织中将出现新的生机和活力。这样不但通过多元化的组织活动提高了组织的凝聚力，还使组织更具创新和开拓能力。

培养企业家精神和整合力的最佳途径是“民主化”和“权力下放”，这样做可以建立一个广泛参与的管理系统。在很多国家都有这样的系统，如南斯拉夫、秘鲁、德国、挪威、以色列和瑞典。更多的人参与决策制定有助于产生更多的企业家和团队领袖。

这两种品质甚至可以在学校中培养。学生们不仅有机会独立完成特定的任务，还有机会接受实践方面的教育。在加州大学洛杉矶分校的商学院，学生们在第一学期至少选修一门实践课程。这一课程旨在培养团队精神和加强自我认知意识，当然这一切是从学习合作决策开始的，其核心是给学生提供整体决策的实践经验。

在墨西哥的一所大学，教授们和企业管理者合作设计开辟了一次连续的培训项目。学生们首先确定企业发展面临的机遇，制定发展计划，然后实施结构化管理，其间教授和企业管理者将提供帮助和指导，上一届学生的成果将被传递到下一届。

仅仅接受培训，具备认识自我的能力和了解管理中所需的各类品质是不够的，一个形单影只的独行者无法提高和完善自我。孤独的工作就是在“真空”中工作。我们的进步是在与人合作的过程中产生的。

企业雇用具备企业家精神（**E**）和整合力（**I**）的管理者可以激发企业组织的创造力和开拓力。这些管理者不仅活跃在广告业这类创新性很强的行业，还广泛地扎根于成长期的小型企业组织中。他们成为新兴企业发展的“推进器”。

“一个好汉三个帮”，有创新意识的管理者离不开与之合作的企业生产主管（**P**）和执行主管（**A**）。只有这样，才能成功地整合管理资源。而相反的情况将导致员工与组织受挫，我们会在第 12 章中的“组织诊断”中详细讨论此问题。

至此，我们已经了解怎样训练和培养管理人才（不是教科书上的

“天才”）。但是好的管理者并不一定都能取得好的管理效果。只有发挥团队作用，使每个管理者都对应于其熟悉和擅长的管理角色，才能取得良好的效果。下一章讨论如何建立团队和搭配管理角色。

第11章

让最合适的人完成最合适的工作：管理团队的建立

高效务实的管理离不开四类管理角色。四者相互依存，缺一不可。然而没有人能在四个方面都水平高超。偏废了任何一个方面都将导致管理失效。

既然没有三头六臂的天才，如何实现有效的管理呢？在第9章中我们明确了这样一个事实：每个管理者都知道自己不可能是全能的管理天才（**PAEI**）。就是有，他也招架不住嫉贤妒能者的“诽谤”。

没有天才并不意味着无法避免管理失效。我们可以建立一支管理团队，让不同特长的人相互协作，他们目标不同，追求不同，但能毫无偏见地与他人合作。团队中有思想活跃的开拓者，有胸怀宽阔的团队领袖，有把创新的想法转化为现实的执行主管，还有把高效规范的工作作风带入系统的生产主管。

成功的企业背后总有一支优势互补、风格不同，但又精诚合作的团队。企业领袖头顶上的光环离不开集体的智慧。

《财富》杂志在1972年第12期中叙述了美国最大的地产公司阿

伦房地产开发公司的成功历程。企业创始人认为企业中没有什么个人英雄，“我的任务是为企业发展确定方向（**E**），有人负责贯彻实施（**A**），还有人保证我们的想法切实而有效地执行（**P**）”。不难发现，企业创始人还扮演着把管理团队聚合在一起的领头人（**I**）的角色。

很多人认为福特汽车的成功归因于个人的努力。但该公司成长期和鼎盛期的一名员工彼德·德瓦克指出，从1907年到1920年以后的几年，福特公司实际掌握在一个领导团队中，詹姆士·库兹和亨利·福特及其他方面的高层主管平等合作，共同决策。而詹姆士·库兹离开后，福特开始独自掌权，恰恰从此开始，公司的竞争力开始下降。

团队领导的概念并非高深莫测。我们熟识的社区连锁店就体现了这一思想。传统上，一部分人负责采购、竞价、定价和业务管理（**P**、**E**），另一部分人则负责监督和修正前者的策略，提高顾客同员工的亲和力，激励士气和提供支持(**A**、**I**)。

就是在家庭生活中也体现着“集体”领导。父亲主外，视野开阔，以事业为中心（**P**、**E**），母亲主内，料理家务，营造家庭气氛。如果套用**PAEI**模式，爸爸便是**PaEi**，妈妈便是**pAeI**。

随着女权主义的发展，这一局面正在改变。妇女们开始厌倦从属性的地位和角色。她们想成为男人那样的**PaEi**，只有双方都有团结意识（**I**）并且情愿在家庭管理中平分秋色，家庭才不至于分裂。还有一种解决办法是从外面请个好佣人、好秘书、好管家（**A**），甚至好心理医生（**I**）。

管 理 团 队

管理团队由各具特长的优秀管理者共同组成。他们都是第9章中描述的合格的管理者。成员们相互合作，组成全面的管理系统**PAEI**。团队中有**Paei**、**pAei**，还有**paEi**、**paeI**。当然，更好的组合是**PaeI**、**pAeI**和**paEI**，他们都有整合的意识。这样的团队是企业高效运转和长足发展的根本，只有 **PaeIs** 没有其他角色只能导致管理失效。

> 如果团队中有两个人的想法总是一模一样，其中一个人便是多余之人。
>
> ——威廉姆·里格利

如果说四类管理素质中有一类最为必要，那便是整合意识（**I**）。一个人没有其他三类素质不要紧，其他人有就行了。关键是它能让这些人凝聚在一起积极主动地工作。缺乏整合力的组织如一盘散沙。

有的组织把 CEO 解释为“首席执行团队”，而非首席执行官。他们接受了团队领导的理念，而不迷信个人的力量，他们聚集一批精英共商企业大计。可惜的是，有的组织忘记了团队成员的多样性，他们选择的伙伴与自己是“一个模子扣出来的”。

比如执行力强的管理者（**A**）会选择其他类似特点的人与之合作，而组织中复杂的各项管理任务需要各具特长的管理者。

有了管理团队就足够了吗？

对高效的管理来说，一支好的管理团队是出发点。而另一个十分重要的方面是让团队中的成员各司其职，把最合适的人放在最合适的岗位上。本能上，一个喜欢财务工作的人不会在调动到销售岗位后感到得心应手，反之亦然。

在一个企业组织中，只关心市场开发的经理人员（假设他不了解企业的销售状况）是不具备开拓（**e**）和整合意识(**I**)的熟练工(**P**)和官僚(**A**)。他们好比一个监工，由于他的管理风格使生产和销售与市场开发相隔离，进一步使生产和销售的计划缺乏想像力和主动性。这类经理人如果被安排在销售或者财务部门，将能最大限度地发挥其作用以完成管理目标。

完成不同的管理任务需要不同的管理风格。最本质的是让合适的人到合适的工作岗位工作。

任务与管理角色的磨合

完成任何一项任务都需要首先回答以下四个问题，他们是确定任务特点的前提，搞清这些后才能确定谁更适合什么工作，以避免付出代价和组织临时培训。

1. 任务的基本特点？（需求倾向）
2. 决策的自由度？（可容忍的自由度）
3. 团队其他成员的特长？（团队特征）
4. 组织气候和组织需要的管理风格？（组织要求）

任务取向

由谁来完成任务的哪个分支是可以确定的，以下分别提出了适合某类管理角色的任务分支。

1. 该任务是否需要在压力下工作？
2. 任务是否要求短期的成果？
3. 根据结果来确定人员责任是否相对容易？
4. 任务是否程序化，针对该任务的培训是否容易开展？
5. 完成该任务要求在多大程度上与其他成员合作？
6. 任务的完成是否需要大批的随从？
7. 任务是否复杂？是否要求熟悉和了解组织内部依存关系的具体细节？
8. 任务是否可以系统化？
9. 为保证稳妥地执行和反复地实施，是否需要组织制定若干方针和准则?

10. 能在多大程度上创造性地完成任务?
11. 需要多少抽象的诱导性的工作以保证任务完成的效率?
12. 任务的非结构化程度如何?
13. 为完成任务，必须处理多少不确定状况?

14－15. 不确定状态将持续多久?（14. 长期，15. 短期）

16－19. 决策是否存在风险（16），如果存在，程度低（17），中等（18），还是高（19）?

20. 任务性质的变化率是多少?
21. 内部是否相互关联?在多大程度上要求内部的协作?
22. 实现任务的各环节中有多大程度的冲突?

23－25. 成功与失败的反馈滞后期怎样?无滞后（23），适当滞后（24），还是严重滞后（25）。

我们可以用上述 25 个问题制作一个表格，表格中对所有问题的回答都是积极和肯定的，表格右边是对各项管理角色的排序，分别代表完成该项任务所需的不同管理素质。

下面举例说明如何综合地分析任务取向。我们可以借助上表中的 25 个问题对任务进行评估，根据不同的回答确定四类角色的权重，综合各问题后寻求解决问题的最佳管理模式。

任务取向	管理风格（1 为最重要，4 为最不重要）			
	P	A	E	I
1. 该任务是否需要在压力下工作?	1	4	2	3
2. 任务是否要求短期的成果?	1	2	4	3
3. 根据结果来确定人员责任是否相对容易?	1	4	2	3
4. 任务是否程序化，针对该任务的培训是否容易开展?	2	1	3	4
5. 完成该任务要求在多大程度上与其他成员合作?	4	2	3	1
6. 任务的完成是否需要大批的随从?	3	1	4	2

7. 任务是否复杂？是否要求熟悉和了解组织内部依存关系的具体细节？	3	1	4	2
8. 任务是否可以系统化？	2	1	4	3
9. 为保证稳妥地执行和反复地实施，是否需要组织制定若干方针和准则？	3	1	4	2
10. 能在多大程度上创造性地完成任务？	3	4	1	2
11. 需要多少抽象的诱导性的工作以保证任务完成的效率？	4	3	1	2
12. 任务的非结构化程度如何？	3	4	1	2
13. 为完成任务，必须处理多少不确定状况？	3	4	1	2
14－15. 不确定状态将持续多久？（14. 长期，15. 短期）	3	4	1	2
16－19. 决策是否存在风险（16），如果存在，程度低（17），中等（18），还是高（19）？	1	2	4	3
20. 任务性质的变化率是多少？	2	1	4	3
21. 内部是否相互关联？在多大程度上要求内部的协作？	1	2	4	3
22. 实现任务的各环节中有多大程度的冲突？	3	4	2	1
23－25. 成功与失败的反馈滞后期怎样？无滞后（23），适当滞后（24），还是严重滞后（25）。	3	4	1	2

假设已完成对任务的评估，在保持其他因素不变的前提下，市场开发类的任务需要更多的 **P** 和 **E**，而非 **A**，财务上的任务则需要更多的 **A** 和 **I**，而非 **E**。如下表所示：

任务	P	A	E	I
市场开发	2	4	1	3
财务管理（对于一个稳定的组织）	3	1	4	2
一般消费品的销售	1	4	2	3
生产资料的销售	1	2	3	4

决策的自由度

在组织中，管理者地位越高，权力和权威以及对组织的影响力就越大，因而其决策的自由度也越大。以此类推，“权力下放”程度越高的组织其低层管理人员决策的自由度也就越大。为完成同一个任务，在高度集权和权力分散的两类组织中，应采取截然不同的管理模式。权力越分散越需要创造力，越要求管理者能够团结（**I**）和创新（**E**）。

团队成员间的互补

有的组织拥有素质全面的管理人才（如 **Paei**、**pAeI** 或者任何没有空白的其他组合）。并且每个人对应正确的任务取向，管理效果仍不容乐观。对这一现象的考察需要深入分析与当事人合作的其他团队成员。如果其他成员都缺乏整合意识（**I**），当事人就必须具备这种素质以填补空白。

新闻报道很好地佐证了“互补管理”的必要性。1977 年 1 月 10 日的商业周刊上报道了美国大型石油企业领导人的变更。报道中描述了前任总裁同时也是企业创始人安·哈默博士的管理风格，该描述与我们在第 8 章中提到的企业创始者的领导方式十分吻合。有趣的是，当下一任总裁巴尔德到任后，金融机构开始青睐这家企业，并扩大了对其贷款的力度，而原因是巴尔德出身于银行界，其保守沉稳的作风弥补了安·哈默的冒险式管理模式。

组织的特征

最后，管理人员必须确定组织的整体气候，针对不同的任务取向选择相应的管理模式和行动方略。

一个官僚化严重的机构需要一个开拓能力强的市场部经理，但也许只有改变了整个组织的官僚气氛后，他的作用才能发挥。

我们做一个简单的总结。高效管理需要：

一、组织内拥有一群，而不是一个具备以下特点的管理人才：

1. 管理素质全面（**PAEI**模式中无空白）。
2. 了解自己的优点和缺点。
3. 能够接纳别人。
4. 能够与拥有其他特点人才合作。
5. 善于发现别人具备而自己不具备的优势。
6. 可以求同存异的在分歧中生存。

二、团队中的每个成员应该：

1. 找到适合自己的任务取向。
2. 在一定的自由度下决策。
3. 补充团队其他成员素质上的空白。
4. 适应组织气候。

满足了前半部分可以组成一支管理团队，再满足后半部分就可以组成一支合适的、胜任的管理团队。两者共同构成有效管理的基础。

管理人员的升迁

如果管理人员升迁，他必须在保持原有工作原则（那些在生产、财务或销售岗位上的原则）的基础上改变整体管理作风。

在最低层次的管理岗位上，生产主管应当具备的素质（**P**）是成功的关键。如果一个好的生产主管被提拔至一线的执行主管，就要求其更具备执行和控制的能力（**A**），此时，开拓能力（**E**）无足轻重，对整合能力的要求也没那么迫切。这样，理想中的一线执行主管应当是一个有一定整合理念的优秀执行者。（菲德勒认为这类人属于“教练”类型，他们是该层次管理上最有效的类型。）

在更高的部门管理层次上，需要更多的素质(**P**)。管理者的生产

"Ll' by, this broth we made is magnificent!"

Drawing by Dana Fradon; © 1976 The New Yorker Magazine, Inc.

性素质（**P**）可以降低，但控制力（**A**）必须提高。他要能够有效地组织和领导一个部门，制定规则和行动标准，建立组织结构和领导梯队。使连续性强和日常性的事务规范化很重要，整合的理念应贯穿于任何领导层次，因为这一理念在任何时候都很必要。

涉及战略决策的管理岗位需要更多的企业家精神（**E**）。评价的标准如下：

工人……………………P – – –
一线执行主管…………PaeI
部门经理………………pAeI
副总裁…………………PaEi
总裁……………………pAEI

并不是所有人在升迁后都能调整自己的管理风格。原因也许来自其本身，即缺乏相应的管理素质，也许来自组织，即组织内部压抑此类角色。比如创新精神在管理者爬上副总裁以上位置前是被压抑的。一旦身在其位，就要求他立刻释放此类才能。做到这一点往往很难。难怪高层管理的人选几乎都来自组织外部。

改变管理风格并非易事，因为这意味着改变行为方式。为了迅速适应新角色，减少“亲自动手”，新人的一线主管必须差遣他人“上阵”，这要求他放手曾经亲历的工作而充分信任地将其交与他人。

再高层次的部门经理需要许多新的管理素质和完全不同的管理风格。获得升职的人面临的最大挑战是必须学会创新和开拓（**E**），这使高层次的管理目标要求他们做出非程序化决策，增加创新能力，承担决策风险。这样就不难理解为什么中层管理人员面临升迁时最痛恨改变管理方式，和其他层次的管理人员相比，他们需要改变的东西最多，过程也最痛苦。

除了沿组织内部的“权力之梯”向上爬之外，人们可以通过其他方式换工作。或者说，跳出组织的等级限制，他可以尝试新的职业。

职业变迁

职业角色的变化也会导致管理方式的改变。这时，管理者没有升迁，而是平行地从生产部门调动到市场部门，从市场部门调动到销售部门，或者从生产性管理位置调动到人员管理位置，甚至从一类行业调动到另一类行业。这种意义上的改变和升迁对管理者的转变更大，这次往往是实质性的转变。任务的性质一旦变了，适合的管理角色也得变，这时对管理风格的冲击将是十分严重的。很多人觉得这种转变太过艰难，他们永远也不能真正地完成，或者接受新的任务。

升迁或者职业变动逼迫我们重视审视自己和他人。转变的过程伴随着痛苦。基础素质全面的人更容易成功地实现转变。在他们形成管理风格的初期就已经有了类似于新环境下的体验，那时，他们就获得了一些宝贵财富。他们不但不会因转变而深感威胁，反而会寻找机会，实现自我成长。

有的树种在幼年时就是为嫁接而培养的，它们生来就是为了嫁接，适应新环境的能力很强。

有的管理者从未经历过“嫁接”的过程，由于缺乏适应性，环境的改变只会彻底毁了他们。

灵活变通的人十分少见。而组织又排斥“进步”，乐于“维持”，这进一步打击了仅存的灵活性。很多组织自己从不下功夫培育管理人员，他们期望享受社会的外部效应。这些企业真是“抓了芝麻，丢了西瓜”。认真培育管理人才无异于积累“可塑”之材，在未来可能的升迁或角色转换中，他们将更快地进入状态。因为“排斥进步”、“保守固执”而带给企业的损失远远大于当初应该投入的培训成本。发展人力资源的投入远远小于维持企业运转和实施低层员工培训，以及由于士气低落而产生的成本。

总裁的领导班子

高效的管理离不开优秀的“领导班子”，离不开管理团队中优势互补的每一个管理者。他们一起构成理想状态的“**PAEI**”。他们没有人因为哪项管理素质的空白而影响整个团队。整个集体与任务取向十分谐调，与组织气候相当融洽。

团队领导可以在企业的每个管理层面上发挥作用。有的组织弱化了总裁的概念，取而代之的是“总裁办公室”，这种开放型的高层管理模式又被定义为“企业机构决策”。很多大型企业都有这类机构，如 Aetna Life & Casualty、Sear、TWA、ITT、GE、Travelers Insurance、Armco Steel、Honeywell、Henblein 和 RCA。

然而，这样的努力并非总是奏效。在 Aetna 公司，“总裁办公室”的生命只有四年。在 RCA，它只存在了两个月。是什么原因让它们如此短命?

首先，**PAEI** 模式下的团队不能没有领头人，成员们的分工是不同的，必须有人统领全队，其他人的作用是为领袖决策提供帮助。正如 Aetna 公司的状况，没有领头人的团体决策效率低，并且普遍存在决策障碍。如果团队中的所有人都认为自己是 **PAEI**，组织将失去活力，走向灭亡。

最后，如果成员的背景、价值取向、培训历史和管理风格相同，集体决策的机构根本无法运行。这会导致企业在市场份额的竞争中失去创新能力，团队解散也是早晚的事。

因此，团队要想成功，其成员必须素质全面，有的放矢，优势互补，此外还要有一个能够统领全局，控制气氛，维持团队运作的领头人。

有关管理责任的问题

PAEI 模式是如何解决管理责任的问题的?是不是没有什么个人意义上的责任，因为没有哪个人能独自扮演所有管理角色?

管理者普遍认为某一个人应该为决策负责。我们却认为每个人都有应负职责。团队中的每个成员都应当为他的那部分决策贡献负责，为决策的执行负责。他们都选择了在自己的位置扮演自己的角色，当然要“各负其责”。所以，**Paei** 应为实施的结果负责，**pAei** 应为实施的过程负责，而 **paEi** 应为企业理念和决策本身负责，**paeI** 为团队的建立和维持负责。

实践证明，除非人人都有责任心，否则便是“无人负责”。因此，每个管理者都应主动营造共同负责的氛围。而团队领导者不应陷人自己承担全部责任的陷阱之中，也不用为每一项集体的决策负责。因为每一个人都不可能是全能的**PAEI**，当然不应该把所有的责任压在一个人身上。

冲突的本质

有一支能够因地制宜地解决问题的团队并不意味着组织运营中不存在冲突。

要想完全避免冲突，除非组织中只有一个成员，他既要决策又要执行。可是只有一个成员称之为“组织”。

另一种可能是整个组织全是木鱼式管理者（*Deadwood*），没有争论，没有抱怨，因为根本没有人关心组织发展。

最后，一种避免冲突的可能是把所有品质相同的管理者集合在一起组成管理团队，扮演相同角色。他们要么全是“控制者（**A**s）”，要么全是“生产者（**P**s）”。

在一个全是木鱼的组织中，所有的决策都是程序化的和确定的，没有人敢“越雷池半步”。当然，结果是根本没有冲突。而在角色单一的组织中，所有管理者总是保持一致，自然也不会有冲突。但以上两类组织都无法实施有效管理。在变化的环境中，企业面临新的发展目标，必然会经历严重的困难，走向没落。

当管理团队的成员不具备全面的管理素质，在某些方面为空白时，则会出现无法控制的冲突。因为成员彼此不能听取和重视来自于异己的意见，尽管这些同事的作用在团队中不可或缺。

冲突是不可避免的，就是在有明确目标、信息共享和奖惩分明的互补型团队中也是这样，Herbert Simon 认为冲突恰恰源于以上因素。冲突来自成员的不同个性。只要在可控制的范围内，冲突是有益的。

团队管理的实施

为进一步讨论团队管理，我们引入两类假设的组织。下图是一类典型的组织结构，该图围绕一个典型的高层管理团队揭示了一系列问题。我们会问，每个管理人员或每个部门分别采取哪类管理模式？如果一个组织足够大，拥有众多高层管理人员，我们对CEO的各类管理角色按重要性排序，其结果必然是生产性角色最不重要（**P**），整合角色（**I**）最重要。而对于一个“为生存而战”的小型组织，生产性角色（**P**）就显得尤为重要了。但对于市场开发和产品生产都较为成熟的组织，CEO可以雇用优秀的生产主管（**P**）、执行主管（**A**），甚至是企业家（**E**），而CEO要做的是领导整个团队，实施整和管理（**I**）。好的CEO要有高瞻远瞩、统领全局的气魄（**EI**），还要有一定的执行力和控制力，重视结果，沉稳务实（**p, a**），相反的情况是以结果的实现和高效的执行为原则，这对年轻的、成长型的企业十分重要。但对于一个处在成熟期的企业，这也许不是第一选择。只要有具备执行力（**P**）和控制力（**E**）的管理人员存在，CEO就应该把精力集中在开拓和整合上（**E, I**）。

从此观点的角度看，有些管理学书籍的书名会误导人们对管理素质的理解。比如我们要讨论的是“在过程管理中实现绩效管理”而非“绩效管理”，前者就是**EI**，同样，以“目标管理”为书名，也暗

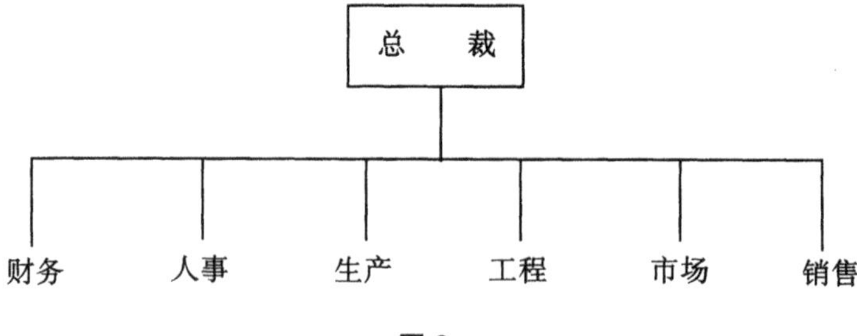

图9

示着只重视生产管理（P），特别是对于数量化的管理目标，似乎意味着排除了 **E** 和 **I** 的角色。

我们现在考虑什么样的管理风格是团队其他成员乐于接受的。在财务部门，主导的角色应该是 **A**，而在一个相对稳定的组织中 **I** 位居第二，**P** 和 **E** 分别位居第三和第四。相反，在经历巨大变革的组织中，**E** 将排名第二，在这类组织中，对系统变革的能力最为关键。这时如果财务部门缺乏 **E**，组织变革将遭遇阻力，在迅速变革的组织中 **I** 和 **P** 分别位居第二和第四。

如果财务主管十分崇拜 **P** 的作用，把绩效视为生命，他将为部门的成败负责，并试图参与所有环节。他会亲自预算，亲自论证，为组织设定财务目标，建立绩效评估的标准。这种职员似的财务主管很快便与管理脱钩。因此 **P** 在财务主管的管理角色排序中位居最末。把财务主管的管理模式用数字表示，替换原有的字母表示（**PAEI**）。我们得到的应该是：3、1、4、2，或 4、1、2、3。1 代表最重要的角色。

在人事部门的管理工作中存在很多不同的管理风格。此时，四种管理角色被赋予了许多不同的含义。其中最为重要的一个角色是 **I**，而排名第二的管理角色往往不确定，这是由该部门在功能上的特殊性决定的。如果像大多数人事部门那样，主要的日常工作是“档案管理”，**A** 便可位居第二。如果人事工作的目的是借此提高生产率和组织效率，**P** 则位居第二，再如果人事工作的核心是人力资源开发，E 便爬升至第二位，此时创新能力和组织整合力的提高是原则。

在本例中，我们假设“档案管理”是人事部门的主要工作内容（3、2、4、1），下面转向讨论另一个部门。

人们认为在生产部门中，**P** 理应排名最前。其余分别是 **A**、**I** 和 **E**，但这并不意味着 **E** 对生产部门的主管不重要。别忘了我们的排名是相对意义上的。

生产部门的宗旨是保证组织运作的效果和效率。显然该系统必须顺利运行（**A**），成员之间也要相互合作（**I**）。生产部门不看重变化和革新（E），这是由任务的技术层面决定的。为了保证预期的生产结果，必须在一定的时间内控制各类变动的因素。生产部门的人认为适应变化的过程是痛苦的，因而他们痛恨太多的变化。

另一方面，在工程部门，E成为最突出的管理素质。这种“创新性”应当以绩效为目的（P），直接运用于生产（I），同时以结构化的方式实现（A）。在市场部，四类角色具有同等的重要性。

很多管理人员认为P对销售部门的工作最为重要而E紧随其后，因为好的销售人员只有富于创新才能在自己的领域正确制定决策方略。接下来是A，它保证销售人员理解和服从组织的控制和管理。最后是I，它显得并不十分重要，多数情况下销售工作是单枪匹马的，尽管有时在工作中需要一些与顾客的亲和能力。正因为如此，与工业品销售相比，消费品的销售把I和E看得比A重。

下图对应了各部门或各类主管的理想的管理风格。（1仍然代表最重要的角色。）不难发现，工程部和生产部的排序有一定差距，原因是前者的生命力在于变化和创新，而后者却以“稳定”和“秩序”为根本。差异不仅来源于经理人本身风格上的不同，更来源于不同任务在技术层面上的差异，而后者真正导致了这种差异。在一个正常运

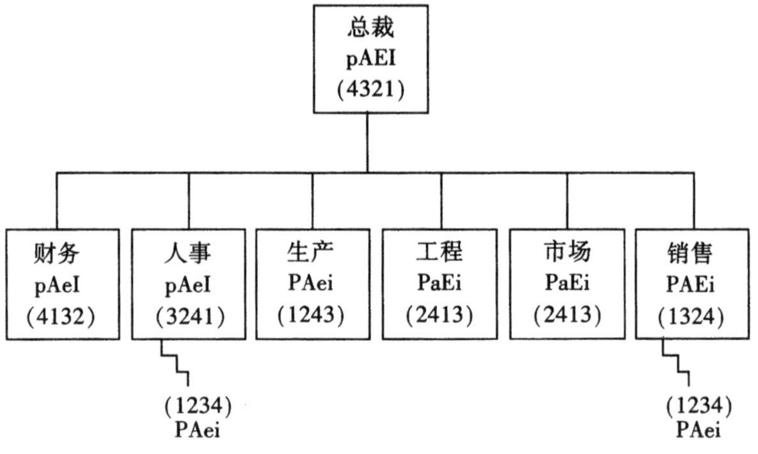

图 10

作的组织中，这两个部门的冲突是经常出现的。

市场部不同于生产部。前者追求变化，灵活变通，后者却通过技术限制的手段控制了这种“柔韧性”。相反，市场部和工程部却是不谋而合，它们那些共同点都是生产部所不可容忍的。如果情况不是如此，在较长时间里，两者冲突不断，适当的关注和修正便十分必要了。

在图中，财务部同市场部、工程部的冲突大于同生产部、销售部的冲突，与人事部却十分类似，但前提是后者以“档案管理”为核心。当人事部门的目标变为人力资源开发，并且与人力成本核算挂钩时，其管理风格将变得前所未有的平稳。

如果人事部门的工作重点停留在“整理档案”的水平上，它在组织中将越来越无足轻重。只有在创新的理念萌发，为组织发展做领路人时，人事部门的曙光才能出现。但如果一切努力没有取得成效，曙光就会立刻散去。

为了说明风格与任务相互匹配的重要性，我们以同一组织为例，调整管理人员的结构。假设在保持原有管理风格的同时，让工程主管接管生产部，而生产主管接管财务部，人事主管接管销售部，销售主管接管人事部，企业总裁亲自主管市场部，市场主管去做一线的销售人员或生产线上的工人。最终“销售员模式”将主导决策机构。你能想像此时的组织结构图是什么样子的吗?而组织的命运又如何呢?

组织分支的设置和数量保持不变。经理们还是经理，只是其领导的部门变了。我们假设其工作能力能胜任新部门的工作，如假设会计也懂工程，如此等等。我们关心的是在新的组合下，经理人员如何有效地管理，任务的风格是否匹配。新的结构如图 11 所示。

你预计组织行为会发生哪些变化？总裁将成为生产主管似的领导，他不关心组织中人的因素，也不理会组织前进的方向。他工作十分卖力，又像一个监工。在他的影响下，财务主管更加像 **P**，后者认为上级看重的是结果和系统本身。人事主管也变得更看重短期内的绩效。相反，生产部门却无法正常运行，其组织松散，目标变化频繁。

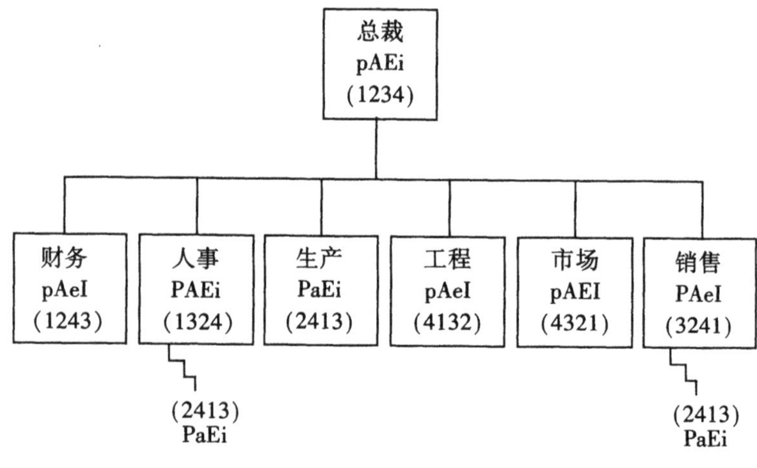

图 11

而在模式化的 **A** 和 **I** 主导的系统中，原来的工程主管会感到窒息。此时市场主管虽有一定的战略眼光，却根本不重视绩效。销售主管则变得更看重结果，更勇于革新。

图 10 和图 11 从掌握管理权的人们的行为中分析了组织行为。莫德学院学员称其为“模块图”。它被用来诊断组织的运行绩效，确定冲突的位置，判断人员流动，以及预测管理人员的变动。

在图 10 和图 11 中，诊断的结果是前者比后者更有效率，因为在前者中，从总裁到下属都找到了自己的位置，而且总裁也能够有效地整合团队，在组织中的各类活动中都实行“权力下放”。对于这样的企业，我们应把诊断的重点放在冲突分析、部门内人员流动以及确定未来管理人选上来。

组织模块图

我们举个例子来说明简单的组织模块图。一家小的公司年销售额在 200 万美元左右，公司的三个合伙人持有相同股份，其管理风格如下：

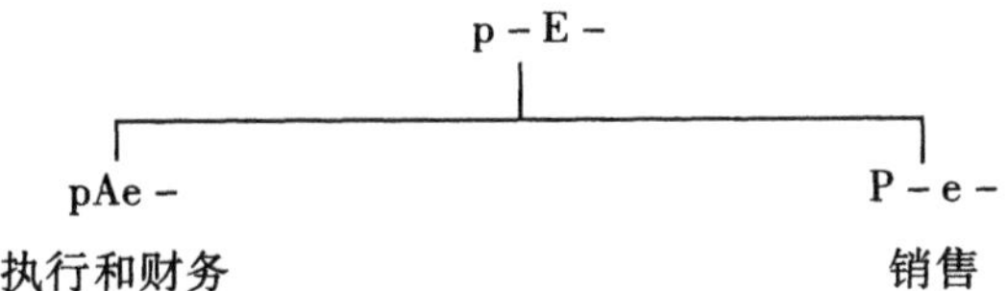

显然三者的关系并非协调。老总开足马力狂奔，并且时不时地改变方向，执行副总无法控制老总，只好去控制想把工作做好的销售副总。这里最伤心、最委屈的就是那个销售副总了。

一天，合伙人重新设计并扩大了管理的内容。这时谁来处理细节问题，谁来决定其他合伙人的分工？显然，执行副总成为“台上人物”，不用说也知道，他会自己当老总，而把销售副总放在能时时刻刻看到的位置上。

管理顾问的出现也没有解决问题，因为他很不明智地花了一年时间扮演 **I** 的角色。不幸的是，他演砸了。整合了半天，他仅仅团结到了自个儿。而合伙人又对其过分依赖。最终他悟出了自己的错误并且建议公司聘请一个 **PaeI**。可这并不奏效。**PaeI** 根本无法推行整合的理念，因为三个合伙人的 **I** 都是空白。

在这一章中我们讨论了什么是“人性化”的管理者，如何对其培训，以及怎样组建任务与风格匹配的管理团队。通过它们，我们学会了如何因地制宜地培养和配置组织的人力资源。但这仅是整幅图画的一个部分，组织中也有“体循环”。仅仅给组织配备素质精良的管理层，使其在团队工作中找到合适的位置，也不足以让组织有效地运转，至少在短期里是这样。组织的气候和“体循环”各位置上的风格必须同管理相互匹配。要使组织在管理过程和取得的绩效上大有改观，必须改变组织气候。

我们在下一章讨论这个问题。

第12章

组织治疗

组织变革的目的是“延缓衰老”。器官移植是解决此问题的一个办法，也就是说解雇高级管理人员，让新的生命取而代之。可是“手术”如何实施呢?

通常组织会秘密聘请管理顾问重新设计组织结构。所有的计划、解雇和和聘用都是秘密实施的。“手术”实施的过程是突然的，而且伴有大量的“失血”。甚至会给组织带来严重的创伤，以至于组织进入难于苏醒的休克状态。人们习惯上十分反感“变革”一词。他们听不得有人说“组织出了什么问题”。就算是组织存在问题亟待变革，人们也不会把问题公开揭露出来。经验告诉他们“变革是痛苦的，而且有可能得不偿失”。为了排斥变革，人们公开否认存在严重问题，私下却大肆抱怨。这种抱怨不会引起有效的变革，当然也解决不了实际问题。

如何在尽量少承受痛苦的前提下医治组织的病痛呢？如何实施“组织治疗”而非“组织手术”呢？本章的内容是讨论如何利用

“组织治疗”来优化 **PAEI** 模式。

组织不同，循环阶段上的治疗方法也不同（第 8 章中已涉及到了一些治疗方法），笼统讲，整个治疗方法由一系列的任务序列组成。有一整套理论体系来决定任务由谁来实施，顺序如何，以及完成的日期。传统上解决组织变革的办法是引入新的管理内容，然后设法使其融入现存的组织结构。

治疗婴儿期的组织（Paei）

婴儿期的组织需要稳定机制和监督系统帮助其摆脱麻烦。它需要集中的呵护、充足的营养和有力的扶持。对此类组织的帮助必须是自愿的，因为它缺乏资金，又需要管理者相应的耐心。

由于婴儿期组织没有完善的系统，他常常陷入困境，又使各方面的需求一齐涌来。治疗面临两个问题，一是让他明白“现实”，二是不要手把手地教他如何做（这是易犯的错误，治疗者成了公司的全职雇员），而是帮助其培养看问题的方法和长远的眼光。婴儿期的组织要明白如何才能成长。治疗者的任务是教会它如何在现实中向期望的目标迈进。

由于婴儿期的组织缺乏经验，他们经常产生不切实际的想法。微薄的资源让他们很容易就不堪负荷。结果使他们失去了全面的视野，期望中的东西也跳不出视力所及的那个有限的圈子，因为他们倾力而为的东西都不重要而且毫无收获，资源都浪费在无关紧要的琐事上了。

资源少，他们只能“过了这月愁下月”，他们经常“弹尽粮绝”。

组织治疗者必须扶上一把，帮助他们克服危机，更重要的是帮助他们认清什么是不该做的事。

治疗者给婴儿期组织的任务是：分析环境，拟定未来对现金流的需求，预测销售量、生产能力和人力需求。这些任务必须谨慎完成。

把婴儿期组织变成高度结构化、专业化组织的想法往往很有害。因为这会迫使管理人员事事独立完成，把精力全放在过程之上，进而危及企业在高度竞争环境下的生存，降低企业的柔韧性和生产率。

许多婴儿期的组织在系统的设置上花十分大的力气，他们提前购进微机操作系统，或者在没有足够的资金时高薪聘请管理精英。这些“奢侈”的做法应该发生在将来而不是现在。

如果这类组织的创始人花重金购买先进的系统，把办公地点设在繁华区，并且建立一套严格限制“即兴发挥”、维持标准化和稳健性的日常规范，组织根本无力负担如此大的开销，很快便会精力耗尽，失去柔韧性和适应能力。

治疗者指定的一系列任务旨在帮助婴儿期组织实施预测、分析和计划。这些任务针对每个成员，因为此类小型组织根本负担不起团队管理的成本。任务完成的期限是灵活的，由于发展速度超出负荷，只要情况表明组织已走上正轨，就没有必要施加太大的压力了。

该类组织也许培育不出企业家精神（**E**），原因可能是创始人本身没有 **E**，而治疗者又没有对组织的未来发展作“动画展示”。这将导致企业落入“独行侠”的陷阱——经营者工作努力却收益甚少，企业大部分的经营所得都被用来支付债务利息。

陷阱中的管理者甚至无暇顾及竞争对手的行动。产品价格只能一降再降，只有舍弃利润才能提高销售量。如果企业破产，这个“陷阱”就成了“墓地”。要想免于一死，只有让新的带头人领导企业成长。

在企业还有生机的时候，勤奋的经营者赚到的钱还没有在别处打工得到的多，仅有的好处是独立性和“所有权”带来的自豪感。

如果引入新的企业领导，他应当在 **E** 上很强，**A** 其次，**I** 和 **P** 再次。这对以 **P** 为主要特点的婴儿期组织来说无疑是很好的补充。可通常小企业的老板无钱聘请高级管理人员，他只好放弃所有权。

治疗成长期的组织(PaEi)

成长期组织的最大目标是过渡到青年期阶段。他需要更多的**A**——组织和稳定。一旦组织发展的方向和总体策略得到广泛的赞同，治疗者就可以为实现系统化制定任务了。

正确的疗法是让成长期组织明确“什么不能做”。因为“扩张行为”把这类组织拉得很“细”，在同一时间遇到的障碍很多，需要解决的问题也很多。

首先，组织应当列出所有的行动计划，分成接近尾声的，刚启动的和仅仅处在酝酿之中的三类。然后估计用来完成每项计划所用的资源和时间。结果往往惊人，一年里制定出的计划需要一辈子的时间完成。“越早考虑优先性，就越早成长”，因此治疗的关键是提高组织优先筛选行动计划的能力，让组织明确和接受一个事实：资源是有限的，在它的约束下必须考虑“机会成本”——为做一件事而牺牲做另一件事的机会。

这个简单的经济学法则由于保罗·萨缪尔森的经济学教科书而广为流传，人们形象地称其为“要黄油还是要大炮”。这句话是在揭成长性组织的痛处，组织中的人既想要“黄油”又想要“大炮”。

组织选择了优先发展的计划后应当建立细节性的目标和原则，这样就可以“辅导”他们顺利实施这些计划了。在此期间要时刻关注组织新增的发展目标，以保证它们不破坏事先确定的“优先权”。成长型组织总是不知疲倦，躁动不安。嘴上答应的事只要稍不留神就会忘得一干二净，重新回到原来的做法上。

该类组织很难驾驭，治疗者也总是面临“下岗”，因为他“不留情面”地指出了组织发展的局限性。成长和成熟的过程无法缩短。组织的成员们总是会为自己取得的成绩和产生的构想而激动，他们不愿意听什么“明天将为今天的混乱付出代价”之类的“世界末日预言”。

他们太忙而没有时间很好地完善组织结构，他们看不到投入一点时间就能换来的短期见效的收益。通常组织只给“行动者”奖励和回报，他们蔑视规范化管理，很少情愿接受外来力量实施的变革。

对此能做的只有耐心地等待它成熟起来。但如果组织既不能从内部实现“规范化”，又不能接受外部的帮助，最终会陷入第8章中描述的“缔造者陷阱”（**P－E－**）。

成长型组织的管理团队较小，通常只有两三个成员。给他们制定的治疗任务必须能在短期内实现（只能用前后联系的一系列小的任务来实现）。这样做很有必要，因为组织成员没有耐心等待“延期的奖赏”。如果他们看不到实施的收益，便会失去兴趣拒绝继续治疗。

在该类组织发展的高级阶段，**pAeI** 式的管理风格会很有效。可在早期这种风格会成为组织的负担。对这类组织中通行的 **PaEi** 管理风格而言，**pAeI** 模式的作用正如社区连锁店中“妈妈”对“爸爸”的作用。“妈妈”提供秩序、稳定性和引导，以及一定的日常规范，“爸爸”则提供微笑和友善的亲和力。

处在高级阶段的成长型组织不难接纳和团结一个纯粹的 **pAeI** 式的管理者。他的理念会被接受和欣赏。可如果在组织还未成熟时，他就过早地加入，组织就会把他扔进“储藏室”而无心搭理，直到组织成熟的那一天。当他感觉组织轻视、遗忘和不欣赏自己，并且提出离开时，他总能听到一遍又一遍的劝说：“再多等一会儿，等我们做好准备，这是早晚的事，我们会按你说的去做，只是别太着急。”看来治疗者必须尽快让 **pAeI** 式的管理者融入管理团队。

治疗青年期的组织

在第8章中我们曾分析过青年期组织的特点，它似乎有些“精神分裂”。一方面希望保持组织的稳定性，另一方面又想走出盲目发展的误区，摆脱肤浅的想法，防止大量无用的投资。结果是想办法建立一套规范的方针、条例、标准和系统等等。可同时员工们仍然拥有充分的自由，他们尝试未经检验的方法而无需承担责任。组织的目标还是尽可能多地“打破纪录”，再创新高。

而对这类组织，治疗者实在是左右为难，如果试图加强组织的稳健型，促进组织的系统化，一部分人就会坚决反对，可要是不这样做又会得罪另一部分人。实在想不出什么两全其美的办法让所有人都满意。真是卡在喉咙里的刺——上也不是下也不是。治疗者只能拿出充分的耐心，慢慢适应组织的环境，以求在灵活和规范之间寻求微妙的平衡，当然还要定期调整治疗的方法和内容。

举个例子，治疗者可以同时制定两个治疗方向，一个有关未来规划，另一个有关规划赖以实施的路径和系统。维持对结构和过程严格控制的同时，注重实施的结果和绩效。通过这种“过程和结果”并重的方法，我们仍可以用一系列简短易行的措施治好组织的“精神分裂”。

如果顺利地发现问题实施变革，青年期组织可以过渡为壮年期组织。否则组织将进入极端冒险或保守的状态。当他完全排斥系统化时就会落入“玩火者”的境地，忙于众多没有头绪的计划和项目，最终如流星一般走向生命尽头。而当他完全失去创新（**E**），组织会变得僵化死板，由于缺乏适应性和绩效性（－**A**－－），组织也会慢慢消亡。

在青年期组织中，治疗者常常同时把革新的措施引入各个环节（从生产到市场开发再到销售等等），这样很容易在 **A** 和 **E** 上求得平衡，治疗的重心就集中在 **P** 上了。

治疗应有严格的期限。执行不严会让“精神分裂”更严重，使治疗者在 **A** 与 **E** 之间不断徘徊，成为组织的牺牲品。

简单的管理风格的“移植”对这类组织不起作用，因为“移植”需要足够的时间。治疗者如果是个新手就更困难了。然而若能设法找到并任用一个有 **PAEi** 风格的管理者，问题将有望解决。他能给组织发展提供指导，同时有效地应付组织中相互矛盾的管理行为。

一个典型的错误是让青年期组织与贵族组织“联姻”。因为两者相差甚远，前者治疗的目标是使组织更具稳健性、方向性和平和的心态，而后者治疗的目标是增加组织的生机。从长期看，“联姻”将给双方都带来灾难性的后果。

贵族组织看重的是青年期组织的良好基础和演变成为壮年组织的潜力，而青年期组织意识不到贵族组织已走过了壮年时期的鼎盛状态，它看重的是贵族组织的名气和资产。表面上看他们各取所需，一片相互融合的景象，可这都建立在错误的假设之上，他们根本不知道如何维持这桩“婚姻”。

贵族组织不能有效地指导组织前进，而青年期组织又缺乏绩效和明确的发展目标，从而使前者对后者的行为难以预测。最后，购并者将解雇被购并者的领导层，对组织实施手术。假如青年期组织让一个**PAEi** 式的管理者掌权，它会想方设法掌握贵族组织的领导权。假如不是 **PAEi** 而是 **pAei** 掌权，它将适应贵族组织的管理风格（**pAeI**），双方都不会从购并中得到好处，从长期看，这桩婚姻是不圆满的——并购双方都得不到预想中的结果。

治疗壮年期组织

由于十分追求管理结果和绩效，壮年组织中最淡化的管理角色是**I**。组织不重视内部人际关系，它视绩效为市场竞争中最重要的因素。因而壮年组织的管理人员培养跟不上组织发展的需要，组织急需培养管理人才和建立管理评估系统。

针对上述观点，治疗的首要任务是加快组织“权力下放”的进程以保证组织快速成长。“权力下放”在长期中通过建立具备 **E** 风格的管理团队可以使组织走上 **PAEI** 式管理的轨道。

治疗者应当消除阻碍“权力下放”的障碍。包括采取措施让员工熟悉新的组织结构，使他们在新的系统中感到舒服，以及开展管理培训使员工胜任新的任务。

治疗的重点是那些有望领导新的利润增长点的管理人员，他们是实施治疗任务的主体。任务完成的期限不要太严也不要太松。

该类组织也很适合“管理移植”，随着组织的扩张，老雇员们友好地欢迎新人们一同“品尝”不断变大的“馅饼”。壮年期组织是并购与被并购的最佳人选。

相反，如果组织拒绝“权力下放”将会逐渐腐朽。当管理日趋落后，销售量变大，员工数目膨胀时，组织的负担会很重，“腐朽”当然是不可避免的。

治疗稳定的组织

稳定的组织缺乏开拓意识，组成成员必须意识到组织中的 **E** 在逐渐减少，**I** 在逐渐增多。他们在每件事上都意见统一，只能看到身边发生的事。

这时，治疗旨在帮助组织规划未来发展，分析生存环境，预见机遇和威胁，打破预定目标的限制。一旦组织的管理层重新以“动态”的眼光看待将来，下一步就是调整组织结构，快速实行“权力下放”，刺激 **E** 角色，使其在组织中稳定下来。如果 **E** 发展的同时能保持原有 **I** 和 **A** 不受影响，一个成功的 **PAEI** 模式就会在组织中重生。

治疗的范围应扩大到整个管理层，而且严格的治疗期限有助于迅速“唤醒”组织成员。为尽可能多的激发 **E**，组织成员必须是多角色、风格不同的管理人才。

“移植”一般不适用于稳定期组织和组织生命周期的后半阶段。这时组织已形成稳定的套路，新的管理风格对他们来说很难适应，组织年龄越大，就越排斥不同的管理风格。

稳定的组织需要更多 **E** 的角色，如果一个来自外部的 **paEi** 式管理者进入组织，它将很可能因为风格上的差异而经历重重困难。当然困难不会达到阻止整合的程度。

治疗贵族组织

帮助贵族组织走出困境比帮助处于生命周期其他阶段的组织都要困难。我们必须把它从"Finzi - Contim"综合症中唤醒。我建议首先开设"群体诊断会"，该会持续三天结束。该会的目的是激发管理层的潜在创造意识，所有与会者一起讨论企业面临的问题并使之公开化，这样会突出组织发展的缺陷，推动改革的进行。频繁的诊断可以帮助管理层认清组织现状，消除想像中的乐观。治疗者应时刻警惕"Finzi - Contim"综合症的蔓延。

制定出强有力的改革方案后，组织要设法刺激 E 的角色，重新分析管理任务。分析采用的模式包括以下因素：技术、政治、经济、法律、社交以及组织的物质环境。该模型还可用来分析市场和产品开发的空间以及产品价值。所有这些都使组织更好地认清机遇和威胁。

明确了未来发展的方向后应当制定出具体的实施战略。其中"权力下放"的组织结构是战略实施的工具。一旦决定"权力下放"，就可以展开相关培训，改变管理行为。短期内组织就会变成 **Paei**，人们也许会怀疑在这种管理风格下是否会有令人满意的绩效。根据我的经验，经过一年的"权力下放"组织将形成 **PAEI** 式的管理模式。

为了在刺激 **E** 的同时不改变 **I**，治疗者必须把治疗扩大到每个管理层面的各类管理角色。订立治疗期限可以制造压力和紧迫感。

让具有很强 **E** 素质的管理者进入组织是很困难的。贵族组织的管理层是一个相互欣赏的封闭团队，他们的理念是"重视细节和运行的稳定性"，在这种环境下，**E** 型管理者很难表达和推行其管理思想，而一个 **PaEi** 式或 **PaEI** 式的管理者就更容易成功了。和 **paEi** 相比，他们重视目标和绩效，这正是贵族组织推崇的素质。一个 **paEi** 式的管理者无法融入主流。

该类组织不欢迎与组织管理风格相异的管理人员，他身上的特殊管理素质也会被压抑，因为 **A** 排斥 **E**，后者会给前者的控制造成干扰。**E** 要么被完全拒之门外，要么被组织同化为没有特点的普通管理者。换句话说，组织内部存在一堵“防火墙”，排斥组织中没有的角色，而这些角色对组织的生存发展又至关重要。

为了让 **E** 融入管理团队，治疗者应当找出 **E** 素质活跃的管理人，这类人并不难找，因为他们总是批评这个或那个，标新立异地提出自己的想法，他们也是组织试图剔除的人选。治疗者的任务是设法让他们留下来，阻止 **E** 从组织中流失。

下面，治疗者应当开辟一个新的必须在短期内完成的任务。这个任务可以是产品、市场或系统的开发。任务由新聘任的 **E** 来主持，他们是一群标新立异的人，来自组织的不同层次和部门。这个团队构成了排除多余的 **A** 角色的渠道。后者在组织内已筑起了抵御变革的防线。新生的力量会扩大新的理念，**P** 也会在组织恢复活力的过程中浮出水面。他们又看到了改革的希望。越来越多的开明群体会创造一个适合 E 生存的新组织气候。

当贵族组织濒临破产时，治疗会十分困难，因为 e 角色在组织中已被清除干净，到处都是对变革的排斥和仇恨。惟一有效的办法是实施 “外科手术”，替换管理层。处在破产边缘的组织没有其他选择。当然手术之后的“恢复性治疗”是必需的。

治疗官僚组织

官僚组织不会主动寻求“折中”式的管理咨询，他们更青睐系统分析师，因为该组织总想提高 **A**，可组织的顽疾正是过分泛滥的 **A**。

只有大型“外科手术”和长时间的“恢复治疗”能拯救官僚组织。手术的特点是分流其他角色，移植 **E** 角色。**E** 的移植是一个强制性的过程，因为组织会竭尽全力排斥 **E**。

“恢复期”的作用是重新加强 **P** 的力度，休克疗法（如解聘威胁，脱离实际的命令）效果不佳，它会使人们过于恐惧，在治疗者要求他们做的每件事上疯狂不已。而且治疗的结果保持不了多久，组织

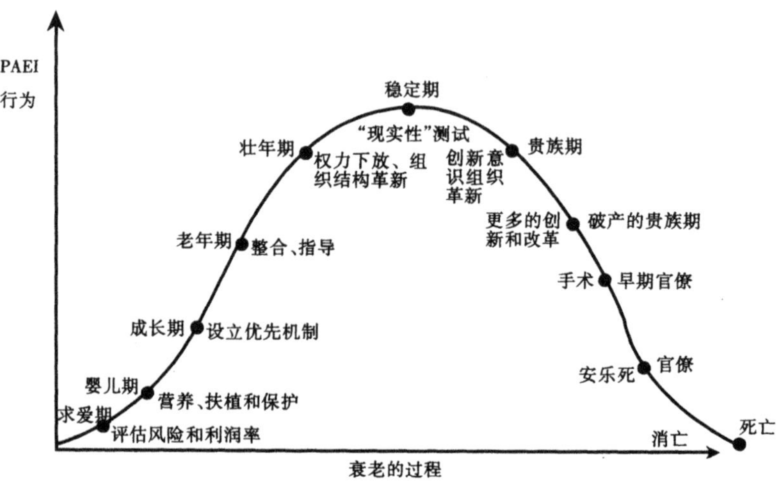

图 12 治疗方法

很快又会回到麻木状态。一系列的治疗措施会让仅存的管理人才流失，最终使组织陷入昏迷状态。

正确的做法是同时实施多方位的“管理移植”，积极地维持移入者在组织中的生存，防止排异现象。

这些也许是“圣人”们仅存的“起死回生术”了。

内部管理顾问有用吗?

很多大公司都有自己的管理顾问，他们所在的部门被称为“企业发展部”（OD）。

OD 的作用在组织生命周期的早期阶段较为明显。而对于稳定期和以后的更长一个阶段，OD 往往不起作用。在一个年轻的组织中，**A** 和 **I** 是组织未来需要的管理素质，OD 可以从内部提供 **A** 和 **I** 而不必担心改革让他们“丢饭碗”。而当组织走过抛物线顶点之后，**E** 成为匮乏的管理素质，这时需要的是严肃而激烈的变革。内部管理顾问不愿意“兴风作浪”，引发创新和改革的理念。

OD 的专家们接受的大多是 I 的培训，这决定了他们的行为特点。多数情况下他们是一群 - - - **I**，至多不过是 **paeI**，对于需要深入治疗和恢复的组织来说，OD 是没有用处的。他们做的一切不过是让“做熟的菜好看一些”，而并没有“增加新菜”。

其实在以上所有的治疗手段中，担当改革者的管理人员都要接受 I 的培训。“外部引导”在治疗的初期阶段可以为改革带来原动力和指导，并且缓冲治疗带来的短期负效应。对中年以后的各类组织阶段，有效的治疗比简单的咨询更有用，当然治疗必须由外部人员实施。

要点总结

至此我们完成了“描述”、“分析”和“治疗”的过程，要点如下：

1. 没有全能的管理者。
2. 因此需要一个风格互补的管理团队。
3. 让最适合的人到最适合的岗位上去。
4. 适当的冲突是不可避免的，同时也是可利用的。
5. 一个把“冲突”变为“有利功能”的学习氛围很重要。
6. 为了基业常青，需要实施周期性的组织变革和“组织治疗”。

第四部分
走出陷阱

第13章

“什么是管理”：一个时常要问的问题

失去了正确的指引，向荒唐的目标挺进，我们一事无成；回过头来才发现走得越远，越无知。

什么是管理

我们总是习惯性地认为任何事情都能做好。所有人都期望组织能够出色地运转。对生活中发生的变化我们越来越司空见惯，谁也不会为汽车业的进步和杂货店货柜上食物品种的变化而大惊小怪。在这个变化的世界中，管理扮演了重要的角色。正如彼得·德鲁克所言：“管理是20世纪成功的故事。”

让我们接下来去思考什么是“管理”？全世界的来自不同组织、不同行业的管理者们都在给“管理”这个动词寻找同义词。这些人有的从事组织管理，有的从事金融，还有的从事市场营销。他们各自都对管理有不同的理解，在了解他们的想法之前，你不妨停下来想一想，写出“管理”的同义词和你对管理的理解。

管理是指______________________________

____

____

____

____

____

____

下面列出的词语是人们普遍认为的管理的同义词。你同意他们的观点吗?

管理就是：

计划	实现	听	指导	训练	交流
执行	监督	反应	实施	整合*	建立和维持
决定	治理	服从	作用	判断	处置
节制	强制	顾虑	控制	利用	改变
引导	规范	操纵	调控	塑造	运行
行动	操作	监管	规定	发展	运作
组织	传授	完成	协调	教育	谋划
领导*	合作	许可	激励*	检查	指挥
获得	鼓舞	支配	处理	复查	评估

上面列出的只是一部分，它们是很好的代表而已。我们翻开不同的字典查找对管理的定义可以完善上面的序列。兰登书屋字典中对管理的解释是：建立、完成、接管、照看、支配、影响、处理、指导、治理、控制、使用（某种武器）、谋划、料理生意和商业事务、掌管、驾驭、训练。

Funk and Wagnall 字典在上述基础上增加了管理的同义词，他们是：引导、约束、领导，通过劝说保持一种期望的状态或情绪，用某些手段是指服从，控制、使……温顺、强行介入、训练。

Oxford Illustrated 字典增加了“用奉承达到目的、谋划、成功实现目标、应付”等含义，而 Webster's Third New International Dictionary 提供了以下解释：用微妙的方法使之服从、慎重地对待、认真地引导、指导、治理和命令。

我们对上面的词汇作简单的分析。先把带有 * 号的词放到一边（领导、整合、激励）。我们发现不同的解释都有重合之处，而每一种解释都把管理者和被管理者区分开。这些词都暗示着 A 对 B 实施了某个过程。如 A 对 B 实施了节制、指导、控制和计划。相反 B 也对 A 采取了一系列行动。不同的定义都涉及在一个等级制的组织中 A 告诉 B 去做什么。A 是施动者，B 是受动者，B 的行为要让 A 满意。

建立服从关系

很多列出的词汇特别是表中的后半部分，都反映了建立服从关系的意向。假设管理者有明确的目标和方向，管理过程的最终目的是保证被管理者或者受动者按管理者的指示行动，服从管理者的领导。这是管理者实施指导、决策、训练、治理、教育、监督、评估、检查和控制的原因。

“管理（*manage*）”是对上述含义的概括。Manage 一词来源于意大利语 maneyg(iare)，意思是驾驭，驯服（马），还来源于拉丁文 manus，意思是手。

让我们来想想骑马的过程。如果一个技术高的骑手能够控制马匹完成表演，我们说他“能够驾驭（控制）马匹”。随着骑手技术水平的提高，他越来越能作为“施动者”保证马匹服从他的指令。这使两者的“指挥”与“被指挥”关系十分明确。这对于我们来说是常识，因为骑手明确地知道自己想做什么，而且有能力使马匹服从，尽管马比骑手要强壮得多，两者之间关系的本质是“棋手做出行动决策，马服从这一决策”，永远不能反过来。

还有一个尽管不是很类似的例子也能说明问题。我们考虑驾驭汽车的过程。为了驾驭汽车，驾驶者用手和脚做出一系列动作，目的是获得来自机器的迅速、连续、及时和对称的反应。很多管理者梦想能够想骑马或驾驶汽车那样有效地管理一个组织。他们喜欢易于控制的组织，这样的组织就像一台灵敏的发动机或一批训练有素的骏马。他们希望组织迅速地、不加争论地执行所有决策。而决策的水平和对决策执行的控制力成为他们自我评估的标准。

这里存在的一个假设是"骑手"和"驾驶员"明确地知道自己"想去哪"、"想干什么"。好的骑手和驾驶员知道如何让马匹和汽车达到最佳状态。他们手中控制的东西没有自己的意图和目的，而仅仅是控制者实现自己目标的工具而已。

为了达到这种准确的预见性和控制力，管理者尽可能地缩小"能做的事"和"应该做的事"之间的距离。他们发出一系列的计划组织和控制的管理指令后试图立刻让被管理者不折不扣地予以实现。但是被管理者毕竟不是"马匹"或"汽车"，他们是有自己的愿望、理念和需求的活生生的"人"。人们天生就不愿按别人的愿望行事，至少不会像机器那样自动地"服从"。

命令式的激励

我们放在一边的那组同义词：领导、激励和整合，在某些方面有相同的含义。"领导"一词的实际含义是"操纵"。有"操纵"欲的领导者总是希望下属紧跟自己的脚步，而不考虑其实际的意愿。"领导"的真正内容是设法让追随者按领导者指示的方向行动。

领导权的不确定性理论可以提供一些解释。该理论认为领导者应根据组织所处的环境的变化调整领导风格，使下属保持良好的服从状态，实现既定目标。既然目标是确定的，要解决的问题就是如何让下属实现这些目标。按这种解释，我认为最接近"领导"的同义词是Webster字典中的解释："谨慎的引导"。

“激励”的涵义中也包含了“操纵”的意思。一个很流行的有关“激励”的科教片是这样开头的：“本篇有关激励，即如何让人们发挥最大潜能。”如果严格的控制和惩罚不能奏效，激励或刺激机制也会有效。我们可以从“组织行为管理”和“人力资源利用”等管理学书籍的名称中看到激励中的“操纵”概念。如果决策已经制定，下面的事就是如何实现了。是通过“控制”，还是“激励”呢？Frederick Hertzberg 在其著作《再论员工激励》中这样开头：“无数的论文、书籍、演讲和车间都在痛苦地寻找答案，‘如何才能让雇员按照我们想法行事？’”再读读这句话，Hertzberg 在谈“激励”还是“操纵”呢？他对管理激励的理解与 Webster's dictionary 中的解释相似：用微妙的手段使之服从。

> 作为主管，明智的做法是尽量缩小直接领导的人数，否则，你将在手忙不过来时仍然让脚闲着。
>
> ——托马斯·马丁

激励是保证服从关系的工具，管理者可以用这个工具实现自己的或自己给组织设定的目标。这句话表达了对激励的偏见。他认为激励的目标是提高生产率和利润水平，这些都是管理要实现的目标。他这些目标也是组织其他成员的目标吗？没有人问工人们为什么对提高生产率感兴趣。他们会因为自己追求成功而提高士气吗？在上述定义中没有提到这些问题，即使是提到了“士气”，也是事后的思考，这时的考虑是建立在利润率之上的，他是对成功的真实检验。

因此不难理解为什么美国一些职业协会反对激励和职位扩容等活动了。在他们看来，这都是管理者操纵工人提高生产率的阴谋，是对工人的剥削。

在理论和实践中，传统上管理建立在对人力资源利用和控制的基础上。我们回顾一下书本有关这一内容的用词——控制的时长、命令的统一等等。为什么不用“激励的时长”和“方向的统一”呢?

人事培训的目的是提高他们对组织做出贡献和落实组织目标的能力。

> 在 New Yorker 杂志上登了这样一个故事:母亲是一个心理学家,一天她对儿子说:“把垃圾扔出去好吗?”还没等她再开口,儿子就说道:“没问题,不过请不要用‘激励’的手段让我去做。”

经典的管理理论包括计划、组织、激励和控制,基本的内容是一个训练有素的管理人才如何作组织决策,以及保证组织中其他成员有效地落实决策。

这一理论是“精英”理论,因为管理层只占整个组织人数的一小部分。它是非民主的,因为被管理者对管理层的人选和管理层的决策毫无发言权,或者说有谁领导他们以及工作的目标都是事先确定,并强加在他们身上的。

管理有必要吗?

如果管理本身存在这么多缺陷,为什么不能离开管理来制定和实现组织目标呢?在有的系统中,管理不是一个专业化的职业,人们轮流担任服务的角色。以色列就有类似的社区形态。还有的系统取消了整体管理,在前南斯拉夫,人们不接受统一的管理,而是通过自我管理实现相关目标。

尽管存在很多排斥管理的做法,它仍然是支配组织行动的力量,是什么因素让管理如此的不可替代,它在组织中到底扮演了什么角色?

有人认为管理是前工业时代无用的残余物,如果没有压在头顶上的这层束缚，组织也许会更好地发展。这些观点普遍认为，是精明能干的助手和下属而不是无能的管理层让企业走出困境取得成功。但说来说去，所有想把管理排挤出去的做法都失败了。“管理”向“从自己的灰烬中获得重生的凤凰”那样重新把握主流。为什么管理必不可少？我们可以通过分析管理的具体内容来回答这个问题。

管理的内容

伯特伦·格勒斯在《组织管理》一书中提出：“只要人们想实现一个复杂的社会任务，就必须加强现有组织的力量或创建新的组织，但组织不能自动运转，必须借助管理的力量，如果这个任务的难度加大了，就需要更大、更强有力的组织和更有效的管理。”

在 21 世纪，管理独立地发展成为一门学科，它给我们建立了“组织”和“专业化”的概念，我们把管理理解为发现问题，用一系列特殊的技术解决问题的过程。

通常我们认为组织具有的等级结构，其形状就像金字塔，经理层位居金字塔的塔尖。这里我们不妨把组织结构化成“沙漏”的形状。经理层处在沙漏的中央，在它之上是持股人、董事会、管理委员会，以及一系列的外部实体，如顾问、监管机构、竞争对手、供应商、客户、赞助商和特殊利益群体。

在来自上述群体的压力下，管理活动为组织的结果和绩效负责。为了在看似残酷的外部环境中最大化自己的绩效，组织必须尽可能地控制各种变量。而在这些变量中，来自内部的那些最易控制的就是具体执行命令的企业雇员。因此，外部环境干扰越大，组织的结构化程度越高，或者说控制力和权力越强。格勒斯曾惋惜地说：“尽管我盼望企业能够在动荡的环境中更加的灵活和开放，实际的结果却是更加的官僚化了。”“现在我认识到了理论家和学者们天真的想法与这个不完美的世界中实际发生的事相差甚远。”格勒斯认为动荡的环境必将产生官僚的机构，那些临时的领导、团队、权力机构都不能取代它。

面对外部威胁，人们本能的反应是增加控制力。就好比敌人越不可测，我们手中的武器就拿的越紧。所以管理在总体上是排斥“广泛参与系统”的。因为广泛参与系统提高了不确定性，使本来就动荡的环境更不可测，从而增加了管理的难度。

如此说来，管理就是应付不确定性，决定组织如何在变化的环境中发现机遇。同时决定组织如何应对外部环境的威胁。管理之所以不可或缺，源于组织必须对外部威胁和机遇做出反应，环境变动越大意味着不确定性和风险越严重，管理和控制就越重要。在一成不变，不需要动态决策的环境中，管理的角色就是多余的了。

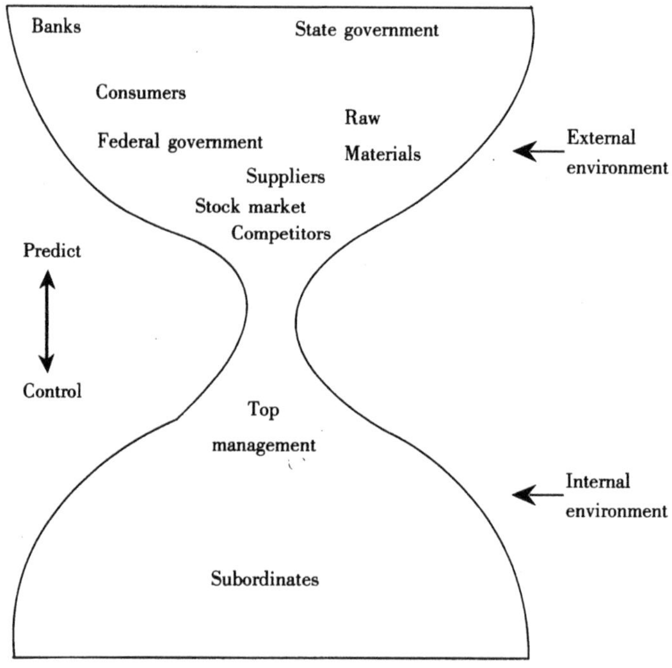

图 13

组织迅速有效地对环境变化做出事前的反应离不开管理，但传统上管理被“精英化”了，难道管理只是某个团体甚至某个人独裁的代名词吗？在本书中，我已通过论述坚决地否定了这种观点。

“管理精英论”错误的要害是认为管理者和管理行为过程是相同的概念。只有当少数管理者垄断了管理过程时才存在“管理精英”现象，而管理过程就是指决定企业如何在变化的环境中应对机遇和威胁的过程。

既然不存在集 **P**、**A**、**E**、**I** 于一身的天才管理者，管理精英主义定会导致管理失效和整个管理阶层的失败。**PAEI** 模式中的 **P** 通常集中在第一线的工人、销售员和会计人员身上，要想组成 **PAEI** 式的管理团队需要有合作和协调管理能力的一群人：工人扮演 **P** 角色，管理人员扮演 **A**、**E** 和 **I** 的角色。管理失败的一个陷阱就是认为管理者都是 **PAEI**（超人），而工人都是－－－－（木鱼）。

这种在管理者和被管理者之间建立“精英”界线的做法有其历史根源，在今天的社会我们应当重新审视它。

管理精英论的渊源

管理的等级性、排他性和“特权”含义可以追溯到早期的企业形态中。那时，企业所有者和管理者是同一个人。所有者知道（或假设他知道）想要做什么，雇用工人并指示他做这些事。所有者亲自分配、组织和协调每个雇员的工作，雇员们只是机器的延伸和雇用来的“手”。

当所有权和管理权分离时，专业化管理出现了，管理理论也发展了，管理活动代表所有者并对所有者负责。这是假定管理者能够代表所有者制定目标建立执行目标的服从关系。然而当组织膨胀，变成一个官僚机构时，管理的权力越来越大。所有者成了远离企业的股东，如果他们反对企业的决策，惟一能做的就是出卖股份。而本身目的是监督管理活动和表达股东利益的董事会也不能有效地控制管理层了，

Drawing by W. Miller; © *1976*
The New Yorker Magazine, Inc.

很多情况下，它们在实质上被高层管理人员控制着。

渐渐地，在这些独立的企业代理人周围出现了精英主义的气氛。人们认为管理者知道或应该知道什么是行动的目标，而管理进程的两个要素——组织和控制，变成了维持服从关系的工具。在这种服从关系中，管理者为组织订立发展目标，确保被管理者服从并执行这些目标。

本书主要分析了非团队管理给组织本身带来的后果，其实，当今许多等级性的管理思想在组织外部也造成了很大危害。一个等级化严重和一味追求服从关系的工业体系严重地威胁到了民主生活。一个多数工作时间里必须被动地服从支配和控制的人根本无法真正地参与政治生活，而在工作环境中控制不了自己的人如何能够左右自己的政治命运呢？工作中被动的人在政治生活中也会很被动。

由于管理过程的非人性化和机械化特点，近年来出现了很多对管理的抨击。人们敌视大公司、大官僚机构和掌握管理权的“精英”。这并不奇怪，人们为什么非得情愿充当管理过程中的“受动者”和决策过程中的“执行者”？你难道愿意成为计划、命令、指挥、节制、控制、约束、支配、操纵和协调的对象吗?

很多学者，如马尔森和盖尔伯莱斯认为，机构管理中的少数掌权者应该受社会和政治的约束，他们几乎不能代表广大股东的利益，他们只能代表自己。人们认为在一个民主的社会中这种权力很大的“利益”集团在政治上是不被接受的。在有关管理的社会责任理论中表达的很多观点都认为应运用政治压力使管理更负责任。

管理层不仅要对股东负责，还要对雇员和消费者负责。管理的权力在不断加大，但它仍是自上而下的精英模式，这背后的理论依据是管理层只代表所有者，而雇员和从属们只是“被雇用的手”。在管理学理论和管理的手段与工具中依然看不到管理层对不同利益团体，包括雇员团体负责的意愿。为了让管理水平适应社会的进步，我们必须改变那些利于形成自上而下精英管理模式的理论、手段和组织系统。

管理团队

我们已经说过管理是一个社会性的、有体系的、预先行动的和目的性很强的过程。

“社会性的”是指管理涉及人和人之间的相互关系和在工作上的合作，在此基础上实现组织赖以生存和发展的目标。

“有体系的”是指系统性和综合性。由于管理是系统性的，决策必然是序列化、可执行、有时间性和有方法性的。而团队的综合性决定必须涵盖组织的任何方面，管理需要控制相关的变量，把握输入和处理的环节，产生预期的结果。

管理是一个“预先反应”的过程，管理活动有很强的目的性，管理行为是依据计划来事先实施的行为，而不是对已发生事件的反应。

如何让单个管理者完成一系列的“预先行动”？预先行动的产

生离不开 **E**，系统的运作离不开 **A**，行动被团体的成员接受离不开 **I**，行动生效离不开 **P**。显然，整个行动需要互补的管理团队。那种以个人或几个人独占管理权的精英理论模式值得怀疑。为了提高管理水平，应当让整个组织参与到管理过程中，就像管理学家斯科特·迈尔说的那样：“每个员工都是老板。”

广泛参与的管理理念并不是一个新东西，问题是如何实现。至此，我们讨论了为什么企业需要“参与性管理”或“团队管理”，在下一章和最后一章中我将介绍团队管理在企业中运作的方法。

第14章

爱迪思方法

金字塔结构的局限性

我们看一下典型的组织结构并用 **PAEI** 模式对它进行分析。

传统的组织结构是金字塔形的，具有等级性质。等级结构的组织有自身的特点。处在越高级别的人，权力、责任和收益越大，因此位于塔尖的人拥有最大的权力、责任和收益，而位于最底层的人（如生产线上的工人）几乎没有权力、责任和收益。

从 **PAEI** 模型的角度分析，金字塔型的组织在结构上是层状分布的。底层几乎都是 **P**，中间是 **A**，顶端是 **E**，结构中没有 **I** 这一层。在等级组织中人们的行为遵循一条命令链，没有人超越正式的渠道。如果组织中需要 **I** 的角色，组织发展部门（OD）将扮演 **I**，OD 的位置一般在中间层或不起眼的角落。

等级组织的结构有利于控制和准确的预测绩效。顶层的 **E** 发布

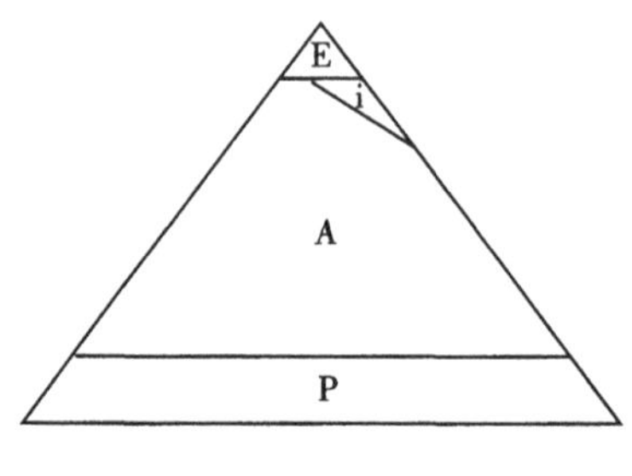

图 14

命令，一切计划、决策和企业发展蓝图都由它制定。中间层的 **A** 把 **E** 的想法转化成可操作的系统，而底层的 **P** 具体执行。

金字塔结构最终是为了保证企业绝对地贯彻“老板”的旨意，老板相当于“大脑”，下属们相当于他雇来的“手”。我们注意到，很多企业主管习惯地把下属变成自己的“左膀右臂”或者“左手右手”，可他从不说“某某是自己的大脑”。

在金字塔结构中，**A** 和 **P** 忠诚地执行上层 **E** 的决策，结构的设计是为了实现效率、效果和控制。难怪我们常说“命令的统一”和“控制的时长”，而不说“决策的统一”和“激励的时长”。

E 和 **I** 只在塔尖被提倡，他们是决策和计划的制定者，而组织其他层次的人是执行者，他们只要有 **A** 和 **P** 就行了。

根据 **PAEI** 模型，金字塔结构将在长期中对组织产生不利影响。占多数的 **A** 是程序化的、注重细节和效率的管理者，他们必将排斥 **E** 的想法，而 **I** 在整个结构中都没有生存的空间，因为 **I** 意味着打破正式渠道，引入非正式交流的渠道，这会降低对结果控制的能力。

那些追求效率（**A**）和绩效（**P**）的组织高度地程序化（**PA**），因而反对变革。企业底层人员创新性的想法几乎不可能被接纳。那些想带领企业在市场中远航的想法（**E**）自然会威胁到 **A** 和 **P**，被视为组织和系统安全的大敌，必将被视而不见或者坚决否定。

也有的企业认识到 **PA** 式的结构阻塞了交流的渠道，切断了优秀创意的来源。因此他们试着开设“总裁沙龙”，建立“意见公开”的制度，让每个人都有机会向管理层表达自己的想法，或者设置“意见箱”，如此等等。可实际效果并不理想。这些制度根本起不了作用。企业越强调 **PA** 就越限制灵活变通的行为，来自底层的好的理念和创意也就越得不到重视。

大公司缺乏 **E** 的现象在很多地方表现出来。第一种表现是某些老企业引进高层管理人员，似乎在承认企业内部的创新力和进取心已经枯竭。第二种表现是所谓的“快速提拔”现象，企业从顶尖的商学院挑选出优秀的毕业生，让他们快速地升职，进入管理层，以求企业内部产生更多的 **E**。第三种表现是咨询业的惊人成长。而企业咨询的内容往往是 **E**，或者说企业改革的理念。

为了培育 **E** 和 **I**，企业应在原有的 **PA** 结构之外加入 **EI** 结构。我认为很多组织行为方面的专家常常犯一个错误，那就是动摇 **PA** 的同时增加更多的 **EI**，这样就丢掉了原有的 **PA** 结构。一所著名的大学为了鼓励交叉领域的培养，取消了系的概念，构建了一个纯粹的 **EI** 组织。然而，在新的系统中，往往要花三倍于以前的时间来作一项决策，人们甚至不知道这些决策是来自哪里，被如何制定的。

为了避免组织官僚化，很多企业建立了高度开放和自立的管理参与系统（**EI**），可不出一两年，组织中所有的人都因为新系统缺乏预见性和稳定性而筋疲力尽。他们又怀念那种强有力的领导，希望有人能把握局面，告诉他们该做什么。在长期中，这种松散而无原则性的参与系统必然彻底崩溃。

我主张既不能把 **PA** 结构完全地转化成 **EI** 结构，也不能因为担心 **EI** 结构带来的变革而坚持维护 **PA** 的结构。**PA** 和 **EI** 都有其不可替代的作用，两者结合才能构建高效而又灵活应变的“长寿企业”。

但如何才能建立一个既能体现 **PA** 又不缺乏 **EI** 的组织结构呢？

过去的 10 年我一直在努力寻求一套方法，它能建立平衡和互补的 **PA** 和 **EI** 组织结构，这样的组织拥有广泛参与而又成效卓著的决策系统。本章的目的就是要介绍这种方法。

爱迪思方法(A’S/M)

爱迪思方法体现了“混合”的思想。在一个“混合”的管理过程中，各个组成部分“混合”起来的作用大于它们彼此独立的作用。换句话说，各部分之间相互影响能产生价值，即 **PAEI** 的作用大于（**P**）+（**A**）+（**E**）+（**I**）。**PAEI** 管理过程就是一个“混合”作用的过程，参与者相互学习，每个人都在学习的环境中成长，而学到的东西就是增加的或者创造出来的价值。

在混合管理中，工人（**P**）和管理者（**A** 或 **I**，或 **AE**）相互协作（**I**）比两者独立工作创造更多的价值。

S/ M 这一符号有其特殊的含义，他表示 S（混合）是 M（有效管理）的充要条件。有了混合就有了管理，相反，没有混合也就没有了管理，而管理的任务就是创造一个“混合”的环境。

在这个“混合”的环境中，人们公开地交流想法，相互合作，分担风险和责任。因此爱迪思方法不同于传统的管理法，后者认为管理曾扮演计划制定的角色，它的责任是确保计划通过组织、控制、激励和训练等手段由他人贯彻和实施。

在 A′ s/ M 中，A 是我的姓氏。加入这个字母的目的是把爱迪思方法同其他的管理法区分开。我发现，至少在美国时尚主导着我们的生活。这在管理学领域也不例外。在一个稍稍取得成功的理论面世后，在一个很短的时间内就会有人急切地使用它。其中有些人没有接受过合格的训练，他们就好比花车中的杂草。几年内，那些曾经广受赞誉的理论就会因为掺杂了众多的杂质而无人问津。在我看来，以下理论的命运就是那样的：“参与性管理”、“开放系统”和“敏感度分析”。而剩下的是处在污染边缘的理论：“组织交往技术系统”、“领导权的不确定性理论”和“组织生活质量理论”。

为了避免这种命运，我把自己的姓氏加入爱迪思理论，并为他注册了服务商标，这样，只有在莫德（我创立的研究所）中接受过最新的爱迪思基础训练的人才有权使用它。而建立莫德的目的就是为爱迪思理论的发展提供便利。

那么，什么是爱迪思方法呢？它包括一个结构和一个过程。理论中设定的若干目标是分阶段完成的。

爱迪思结构

爱迪思组织结构有两部分。**PA** 部分不需要详细介绍，因为它就是多数组织中都存在的等级式的系统，如下图所示。

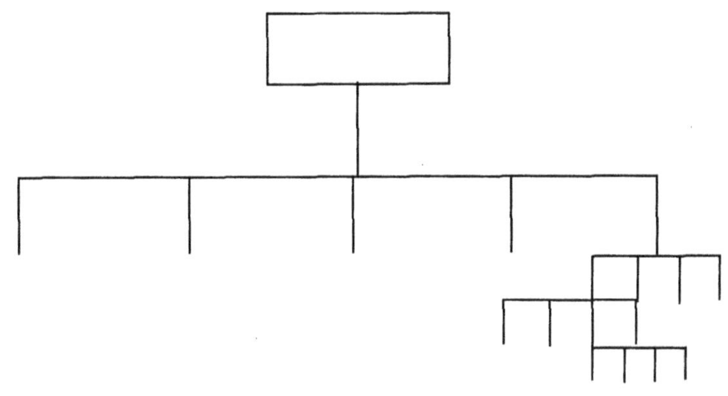

图 15

PA 部分可以用一个半环来表示：顶部是总裁，底部是工人。

在前面我已指出，**E** 或 **I** 几乎不可能直接流入 **PA** 结构，因为 **PA** 半环专为 **P** 和 **A** 设计。这就好比在同一个血管中的两股相逆的血液，血管阻塞不可避免，这会导致整个循环的中断。在半环中的任何排斥 **E** 或 **I** 的人都能使循环停止。因此，为了 **E** 和 **I** 由下逆流而上，我们需要单独建立 **EI** 结构。

EI 结构由“混合团队”和“组织合作通道（POC）”组成。

混合团队是临时组成的若干团队用来解决系统中的特殊问题，一

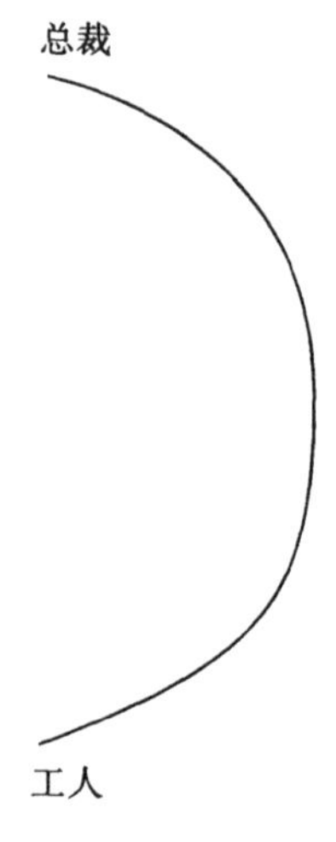

图 16

旦问题解决，团队就要解散，一周内团队成员碰面的时间最多不超过三小时。POC 则是企业某个系统单元中永久存在的一个“混合团队”。

PA 结构的每个层次和每个有组织形态的单元都有一个 POC，这

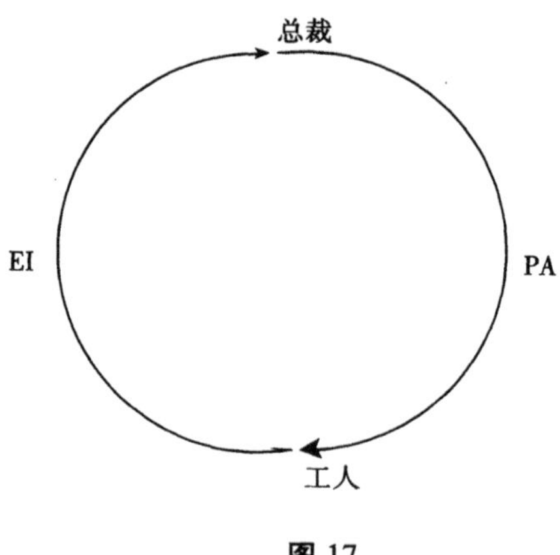

图 17

些 POC 共同反映 **PA** 的结构状态。也就是说可能有集团 POC、分公司 POC、部门 POC,或者车间 POC、班组 POC 和生产小组 POC。根据需要解决的问题的数量,POC 可以任命任何数量的任务“混合团队”。

对自上而下的等级式 **PA** 结构，**EI** 结构是对它的补充，而不是替代。**EI** 结构是一种平行结构，其广泛参与的系统性质使创意、问题和解决方案从组织底部流向顶部。

这种平行结构被许多企业采纳，在通用汽车公司中，它被称为“并行组织”。

EI 结构是爱迪思方法中不变的一条根本性质，**EI** 结构中的成员每月举行一次会议制定行动计划，讨论保持预先反应能力的 11 个行动阶段。（见下文）

混合团队：一个 **PAEI** + capi 的团队

1. “混合团队”的产生是为了解决非常规性问题，而解决这类问题需要新的系统——**EI**。

2. “混合团队”的产生也可能是因为相关 **PA** 结构的负责人没有 capi。

组织管理者拥有权威、权力和影响力，或者说三者的结合。这三种“组织能量”的来源相互重叠，如果管理者在解决某个问题时具备 capi，则他不需要建立“混合团队”就可以使决策被有效地执行。

经理人员经常意识到尽管他能找到问题及其解决办法，但却无法通过 **PA** 结构贯彻和落实，因为对解决方法持不同意见的掌权人会破坏这些方案。当他意识到自己的 capi 很有限时会建立 capi 团队，聚合足够的权威、权力和影响力来处理问题、落实方案。

3. “混合团队”产生的另一个原因是建立一个稳定团队需要时间，爱迪思方法十分重视学习气氛的营造，但让组织成员相互学习和充分交流需要一定的时间。“学习氛围”的重要性是不言而喻的。它可以让冲突朝着有利于我们的方向发展。

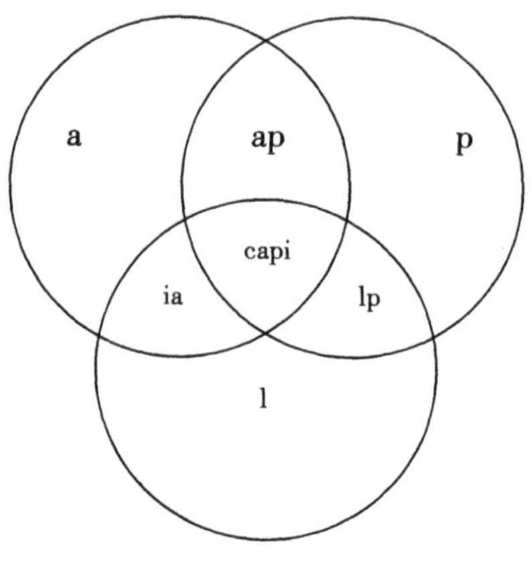

图 18

a = 权威：管理者制定决策的合法权力。这种权力来自他在组织中的位置，但使管理者没有强迫实施的权力。

ap = 认可的权力：奖、惩的权力。

ip = 间接权力：来自某人的影响力，他的话有一定的约束力，人们按其指示行动不是因为这些话本身值得信任（**i**），而是因为害怕拒绝执行产生的影响（**p**）。

i = 影响力：不借助权威和权力而让其他人按自己的意思行动，或彻底地说服他人。真正的影响力来源于行动者本身的意愿和动机。

ia = 有影响力的权威：我们所接受的权威，又被称作“职业权威”。

capi = 权威、权力和影响力的联合：有 capi 的管理者有决策的权威，可以合法地惩罚拒绝执行决策的人，有能力说服他人相信决策的优越性。

因此组建“混合团队”有三个原因：（1）单个管理者没有足够的 capi 来解决特定问题。（2）设计一个广泛参与的系统诊断或解决 **EI** 问题的需要。（3）在建立“学习氛围”的过程中处理问题。

在下面的任务表中，我们举例说明了爱迪思方法中使用的结构和原则。表中说明了行动的内容和团队工作的起始时间。团队必须定时举行固定时长的会议，最大限度地建立学习、研究和讨论的氛围。

表 2

A'S/M 法

行动内容 混合团队______________

PIP's:

行动者

CAPI	姓名	PAEI	角色
C		Paei	整合者
a		PaEi	落实者
P		pAEi	控制者
P		PaEI	观察员
P		pAEi	情报员
P		paEi	智囊团
P		paEi	智囊团
P		paEi	智囊团
i		paEi	智囊团

行动细节

可用预算:______________

指定的时间:

日______________

时____至____时

频率:

每______________

例会地点:

____

其他:

时间

起始日 __________

完成阶段 ________________完成 ____________________

完成阶段 ________________完成 ____________________

完成阶段 ________________完成 ____________________

完成阶段 ________________完成 ____________________

方案完全落实的最后期限 ________________________________

续表

行动内容(序)		
PAEI	角色	职责
ael	整合者	根据爱迪思方法让混合团队运行。 促进“混合”与“整合”。
paEi	落实者	在确定的期限内达到目的。 落实方案。 准时出席各类活动。 相互尊重（如不在公共场合吸烟）。
pAEi	控制者	确定会议日程。 收集信息和相关细节。 更新和补充缺席人员。 主持会议。 制定休息的起止时间。 公布“混合团队”的名单和图表。 树立模范。 监督爱迪思方法规则的执行。 发布信息。
paEI	观察员	在会议结束时汇报团队合作的进展。
pAEi	情报员	向管理层反映爱迪思方法执行中的各类想法、行动和问题。
PaEi pael pAEi	团队核心	修改行动日程。 任命具有 CAPI 的混合团队。

表中列出了“混合团队”的成员，他们共同构成了 capi 团队。首先，我们需要一群能够对所分析的问题做出决策的团队成员，“混合团队”不是一个研究小组或“意见委员会”，它应该有充分的决策权。其次，我们要找出那些有足够权力左右方案落实的人，让他们加入团队，他们是组织中活跃的实权人物。最后，我们需要一些对相关问题精通的专家，他们来自组织内部或组织外部。

“混合团队”要有足够的 capi 用来解决企业面临的问题，如果不能解决，则团队需要更多的权威、权力或影响力。如果问题完全超出团队的控制，则必须解散团队。

整个团队要形成 **PAEI** 的工作模式，每个成员都应该根据自己的 capi 倾向选择适当的管理风格。

有决策权威的人应该承担 **P** 的责任，比如他必须对团队工作的结果负责。能“左右行动方案”落实的实权人物应该承担 **E** 的责任，适时地调整行动的方案。而权威、权力和影响力都不具备的人应该充当协调人的角色。

capi 团队达到 **PAEI** 状态需要具备以下条件：

1. 计划和落实挂钩。
2. 让实权人物拿出有效的解决方案，而不单单是摧毁原有的方案，“权力”应当为“目标”服务。
3. 成员们“各显其能”，使系统有所发展而非停滞不前。
4. 建立跨领域的交流和学习气氛，营销人员可以融入生产团队，而生产人员也可以融入营销团队。

POC 的人员构成：

1. 永久成员：
   a 该部门的主管。
   b 主管的直接下属（直接向主管汇报工作）。
2. 任期一年的临时工作人员，他们把 **PA** 结构中归该部门管理的 POC 运作状况向团队汇报。

3. 消息灵通人士，他们是 POC 自己培养出来的，机动地参加各类“混合团队”的管理人员，混合团队一旦解散，他们又回到 POC。

这样就在组织的不同层次和部门建立了一系列的永久 POC，每个 POC 都有自己的混合团队用以解决特定的问题。如果某个团队的工作任务超出了其 capi 的限度，它将被调整到合适的 POC 中。如果某个层次的 POC 缺乏足够的 capi，问题将由更高层次的 POC 解决，直到它获得足够的 capi。

改革的理念就是从 **EI** 结构的混合团队和“管理合作通道（POC）”中产生出来的。在采用爱迪思方法的企业中，管理者遇到重复发生的非程序化问题时往往用到混合团队和 POC，如果仅仅是向总裁反映一下，它往往会直接采用 **PA** 的解决办法。

上面的介绍简单地反映了 **EI** 如何对 **PA** 结构作补充。**EI** 结构中的管理人员定期地举行会议，讨论亟待解决的非常规性问题。一旦EI 结构拿出方案，**PA** 结构就必须迅速地贯彻落实。

爱迪思方法与决策过程

爱迪思方法贯穿创意过程的每个阶段：

1. 萌芽期
2. 储蓄期
3. 深思熟虑期
4. 孵化期
5. 宣传启发期
6. 熟悉期
7. 采纳期
8. 强化期

个人决策中，人们从 1 走到 5，然后把想法汇报给上级进行评估，前者起到“推荐”的作用，而后者拥有真正的决定权。整个过程“先短后长”。从 1 到 5 只要很短一段时间，经过这段时期一个好的想法产生了，然而要让想法深入人心，顺利贯彻则需要很长一段时

表 3　非程序化决策过程

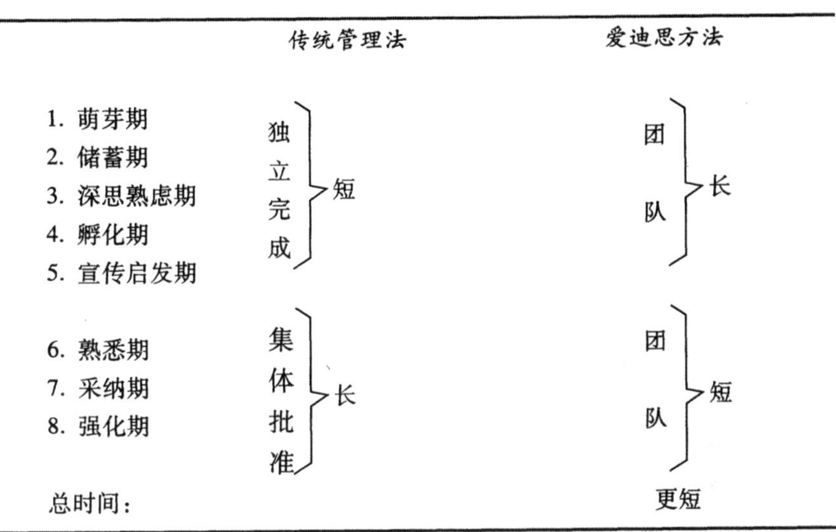

	传统管理法	爱迪思方法
1. 萌芽期 2. 储蓄期 3. 深思熟虑期 4. 孵化期 5. 宣传启发期	独立完成——短	团队——长
6. 熟悉期 7. 采纳期 8. 强化期	集体批准——长	团队——短
总时间：		更短

间，如果决策人有想法但没有足够的 capi，或者待解决的问题在性质上是 **EI** 而非 **PA**，这一过程会相当长。

而爱迪思方法中，capi 团队取代了单个管理者处理 **EI** 方面的问题，决策过程变得“先长后短”。混合团队的领头人带领团队一起走过 1 到 5 的阶段，这个过程比单个管理者决策多用很多时间。可一旦团队得出成熟的方案，后面的步骤会在短期内顺利地完成。

爱迪思方法的思想是对于 **EI** 类的管理问题用全面、复合型和协作的管理团队解决，而对于 **PA** 类的管理问题用自上而下的个人决策方法解决。

但是需要强调一点，协作的 **EI** 团队管理要避免像“参与式管理”那样落入“委员会管理”的泥潭。

委员会的管理对管理过程是一场灾难，爱迪思方法试图建立团队管理格局，但坚决抵制“委员会管理”。两者区别如下。

在委员会中，不同管理风格的人只关心某一个创意阶段。**A** 式管理者很难进入“宣传和启发”阶段，它一味地“储蓄”，先是反复分析，再进入深思熟虑和孵化阶段，然后重新又回到“储蓄期”。另一方面，E式管理者带着一丝焦躁停留在“启发期”。I式管理者则一味地适应。P忙着下结论——“还没瞄准，他就急着开枪”，总想尽快地进入“采纳期”。

如果这种委员会式的管理方法在组织中出现，管理者杂乱地分布在决策的各个阶段，管理将一片混乱。当A试图确定问题所在，收集相关信息时，E就已经拿出不成熟的解决方案，因为他这时也许还不知道要解决的问题是什么。E的方案总是不能深入问题内部，而仅仅“擦边而过”。同时，P在不断地催促决策结果的产生，老想着回到“狂热”的工作状态。A对这种压力深恶痛绝，因而一再推迟决策的时间。E则总是纳闷A为什么老是在所有的想法上“挑刺”。P再也坐不住了，他吵着要投票决定结果。I则全力地让组织的成员熟悉和接受决策结果。时间这时候被耗尽了，最终在团队负责人的主导下拿出了决策结果。大多数成员对决策的过程不满，他们还停留在不同的决策阶段。有人会说“参与式管理”没什么作用，大家的手脚都被束缚了。我赞成这种看法，因为这时候参与式管理并不能让所有参与人在想表达观点的时候表达自己的观点。到处是一片混乱，根本没有规范和原则性的系统，如何谈得上起作用?

而爱迪思方法就不同了，团队领导主持决策的讨论过程，保证所有的成员步调一致地从一个决策阶段走向另一个决策阶段。爱迪思方法有完善的“游戏规则”，明确地规定了讨论过程中能做的和不能做的事，有效地杜绝了从一个阶段跳跃到其他阶段的现象。在“萌芽期”没有完成前不能跳跃到“储蓄期”，从而防止E和P在充分储备了相关信息之前由“储蓄期”直接奔向“深思熟虑期”和畸形的“启发期”。

在整个团队一起从一个阶段过渡到另一个阶段的过程中，企业中形成并维持了一个学习的氛围，虽然整个过程比较耗时，但却是一种高回报的投资。正是在更高水平的交流、支持和合作的环境中产生了高水平的决策和绩效。

在爱迪思方法中没有投票表决。它可以抽象为一个相互学习的环境，在这个环境中，重要的结果不仅来自于最后的决策，更多地还来自于讨论的过程。每个参与者都表达意见，但最终由权威的 **P** 作最后的决策，他要对决策的落实负责，由于 **P** 全程参与每次会议，而且跟随整个团队一起从一个阶段走向另一个阶段，他不可能做出“混合团队”不接受的决策。

我在过去的 10 年中把爱迪思方法运用到一百多家企业，从未使用投票表决的方法作最后决策。解决的问题从大到小，从整个企业的结构改革到生产流程的结构调整。一年中有 40% 的问题得到解决，40% 的问题得到改善，还有 20% 留到了下一年处理。

混合团队的领导人扮演 **I** 的角色，带领团队从决策的一个阶段走向另一个阶段。**I** 的人选从组织外对所讨论的问题没有偏见的人中间产生，这样，在爱迪思方法中形成了学科间的交叉影响。营销人才与生产人才相互交流，他们在 20% 的时间里与工程方面的人才相互合作。

同时，团队中也有专业分工。**I** 负责营造利于交流和学习的团队气候，**P** 保证决策产生绩效，而 **A** 负责收集所有利于决策的相关信息。爱迪思方法的目的在于建立本书描述的高效管理模式。人们积极地参与到感兴趣的管理活动中，做出贡献的同时提高自己，通过混合团队和“组织合作通道”，他们实施必要的企业改革，结构化、规范化的决策过程使每个人都对合作产生的决策谨慎地负责。

爱迪思方法的不同阶段

爱迪思方法在 100 多家企业和组织中运用，如下图所示，爱迪思方法可以分成若干阶段，不同组织和企业所处的阶段不同。

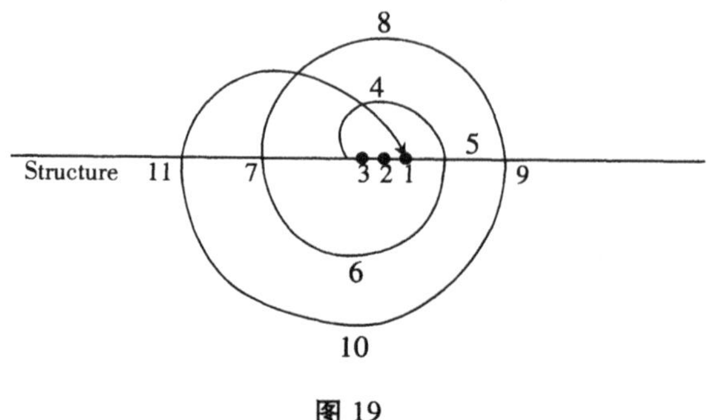

图 19

1. 合作诊断。
2. 混合团队的建立和培训。
3. 组织合作通道的建立。
4. 用爱迪思方法定义组织的使命。
5. 在组织的基础层次散播爱迪思方法。
6. 重新构建 PA 结构。
7. 重新设计适应新的 PA 结构的信息渠道。
8. 通过混合团队制定具体的营销、生产、财务和人力资源战略。
9. 资源的配置：资金、人力、空间、时间。
10. 完成 POC 对整个组织的覆盖，直至形成完整的 PA－EI 循环。
11. 建立强化以上 10 个阶段的刺激激励系统，促进新一轮循环的开始。

当爱迪思方法实施到第五阶段以后，公司发现交流更容易了，问题解决的进度快了，几乎没有跳槽的现象了，员工士气空前高涨，生产效率、利润率和市场份额也稳步有升。人们的态度变得积极主动，合作也容易实现了，人们真诚地互相帮助，有的公司还把爱迪思方法辐射到了一线的生产工人中。

当然变革免不了产生痛苦。当爱迪思方法引入企业时，组织变革中的各种反应和影响都会显现出来。

由于爱迪思方法进入组织后会成为正常管理的一个部分，它将对企业产生深远的影响。

在众多使用爱迪思方法的公司中，最早使用并达到第四阶段的是亚特兰大的 CBI。规模最小的是拥有 50 个员工、年收入 200 万美元的 Doody Co. ，它位于俄亥俄州。实行最彻底的是加州的 Inspiron，Division of C. R. Bard，Rancho Cucamonga，Calif. 美国境内最大规模的是洛杉矶的 Northrop 航空公司和洛杉矶的公共福利部（资产 20 亿美元）。

爱迪思方法不仅仅是一种建立参与性管理系统或提高敏感度、具有创新意识的管理方法，它还是一种体系化的有关决策制定的内容、时机、人员和手段的管理方法。

爱迪思方法的目标

爱迪思方法试图同时完成以下四个目标：

1. 解决企业真正面临的组织或管理问题。
2. 团队建设。
3. 提高管理人员水平。
4. 提供管理培训。

爱迪思方法能解决的问题包括员工交流、员工士气、生产效率、企业危机预警、组织结构以及任何团队管理可能预见的有关决策和控制的问题。

该方法同其他方法的不同之处在于其综合性和全面性。爱迪思方法的第一阶段同日本学者的 K. J 法和 Kobyashi 法有一些类似，两者都指出团队管理的一个目的是诊断管理存在的问题，提高团队的质量。在这个阶段企业发展部（OD）起主导作用，这时可以利用企业中存在的非正式组织。当团队逐渐成熟，能独立诊断和解决管理问题时，**EI** 网络系统就建立起来了（类似于 Libert 的重叠结构）。然后引入战略管理和决策制定理论，团队的工作重心变成设定目标和实现目标在企业中自上而下的交流，这与目标管理理论有些接近但又不完全相同。在合作和参与性的诊断完成时，团队已经能协调工作了，当联合制定的目标确立时，组织结构中参与性的混合团队框架也形成了。混合团队将重新设计信息渠道，使其适应新的结构、任务和管理问题，同时，新设计的激励机制也表明组织结构有利于企业整合信息和资源，完成目标任务。

当爱迪思方法的 11 个阶段依次实现时，前文所述的四个目标就同时达到了。

爱迪思方法综合了各类传统的管理理论和管理实践，提出了更全面的管理方法和改革方案使企业在生命循环的上升期更加平衡地发展，在生命循环的下降期重新恢复活力。

爱迪思方法可以维持企业平衡稳定地发展，原因是在组织的 **PAEI** 管理框架中，capi 管理团队联合决策，使决策更科学，更符合企业实际，有效地避开了传统理论中个人管理方式造成的“创业者陷阱”。

同时，爱迪思方法也能恢复企业活力，组织中的混合管理团队和组织合作通道（POC）共同构成 **EI** 结构，有效地使 **I** 和 **E** 在组织中生根发芽，解决实际管理问题。

爱迪思方法在企业中形成了一个重复诊断的循环管理体系，当 11 个阶段完成的时候也是下一轮诊断开始的时候，这种新的“管理能源”使企业从一个均衡走向更高层次的另一个均衡。它营造的是一个开放的管理系统，能够适时地分析企业发展所处的位置和未来前进的方向，采取必要的变革，以适应新环境、新任务对结构、信息、资源配置和回报系统的要求。

本章是对爱迪思方法的简单介绍，它被广泛地应用于美国、加纳、墨西哥、瑞典、丹麦、以色列和其他地区的营利性或非营利性组织。加纳卫生部用它设计全国的药品物流系统，而在墨西哥的 Baja California 州，它被用来预测政治和经济前景。Doody 公司使用它设计百货商场的摊位分布，Northrop 航空公司则把它应用于新一代飞机的开发。

我的下一本书将深入到如何使系统有效运作和爱迪思方法的前景及其不足。

附 录

再论管理失效模式

——几种角色但不是全部角色的结合

PAEI 编码中常出现小写字母。一个销售明星是 **P**，一个销售水平一般但拥有一些生产技术的人则是 **p**。我们在附录中讨论的管理失效模式就是那些几种角色但不是全部角色的结合。

我们已经了解了单一的管理角色造成的管理失效。当管理者只具备 **E** 时，会产生"纵火犯"，它只对新计划新项目感兴趣。然而 **E** 与另一种管理角色结合后，他的兴趣会相应地指向那个领域，比如说，如果一个管理者是 **P–E–**，他会成为思维活跃的发明家，不断推动生产技术的革新，但他缺乏 **A** 和 **I** 的素质，因此产生了一种新的管理失效模式。

如果 **E** 与 **A** 结合，**E** 将在控制系统中不断创新，他会成为 **–AE–** 或 **pAEi**。然而，前者会让企业陷入进退两难的境地（下文将详细讨论），后者会变成企业顾问，或系统分析师，把创新的思想用于改善企业的组织控制。**–AE–** 是标准的管理失效模式，因为编码中存在空白。而 **pAEi** 则代表一个既有优势（**AE**）又有劣势（**pi**）的管理者。

如果**E**与**I**结合，将不会再有“随大流者”，**E**会倾向于创新理念的整合。当然，若仅有**EI**而没有**PA**，管理者也只是低水平的“民主人士”和“廉价政客”。

三种或少于三种角色的结合可以产生10种新的管理失效模式，本章的主角就是这些新的模式。

监工（PA－－）

监工的工作动机是完成任务、得到理想结果和实施控制。他对效率和效果、任务的内容，以及落实的途径感兴趣。缺点是没有创新意识，不“以人为本”。

这类独裁式的管理者精通任务的实现和控制。我们之所以称其为“监工”是因为他对组织的看法是机械的。他主导的计划和工作是高度组织化、系统化的。他相信和依靠“先例”和以往的“经验”。**P**使他总是以特定的工作任务为出发点，像“战术家”一样让每个人都努力地工作。同时**A**让他十分重视效率，总是在过程的每个环节实施有效的控制。他关心人们都在做什么和如何做的，交流也总是自上而下，军队中最容易看到此类管理者。企业中如果存在太多的监工，会使企业停滞不前。

监工不同于“钟摆”（**P**－－－），因为他精于维持管理的秩序，同时设立制度化的员工会议。他也不同于纯粹的“官僚”（－**A**－－），因为他重视任务完成的效果。从下面这段话中可以体味出这类管理风格的特点：“我不会埋头于具体的事务，我的角色是机械师，负责程序的设计和运转，就好比让词、句和段结合起来形成一篇文章。”

监工死板而独断，他认为企业中只有一套办法行得通，那就是他的办法。他注意细节、期限和进程。他没有同情心，不听任何解释，只看任务完成的结果。

监工没有人情味，他“一本正经”的样子总让人产生距离感。在人们心目中他就像是一台机器。但是另一方面，你总能猜到他下一步会做什么，只要你绝对服从，和他相处也很容易。下属们确切地知道自己应该在的位置，虽然他们怕他，却又懂得如何与之相处。

监工们不会给下属提供任何帮助，在他们看来，员工只是手中雇用来的“工具”。

可很有趣的是，“监工”本身也是别人手中的工具。他从来没有为自己的决策努力过，仅仅是高效地执行上级的每个命令，忠诚、谨慎而又勤奋地为上级服务。“监工”的使命是监督手下的员工为实现上级定立的目标努力工作。

监工们往往只是被提拔起来的“奴隶”，被用作监督他人的工具，为了取悦老板，他盲目地接受和执行任何任务。赫尔布鲁形象地称他们为“奴隶出身的管理者”。

他总是被有独立见解、尊重自己意见的人厌恶。他营造的环境是僵化的、非人性的和单调的。这会使很多人不得不离开。还有一部分人追求安全感和稳定，他们会甘心情愿的留在组织中。久而久之，他们甚至十分害怕被解放出来，因为这意味着生活中将存在不确定的东西了。

监工是如何形成的呢？也许是升职造成的。这类人从追求结果出发，工作十分努力，总能出色地完成任务。个人的成功会把他推到管理岗位。成为管理者后，他仍然保持原有的工作作风，不同的是加入了指挥和控制角色，以便使他人更好地完成任务。权力欲望在升职后从含蓄状态显露出来，这时他得到了控制和管理他人的机会。如果不是升职，也许他会成为纯粹的**P**。

监工对自己和下属都缺乏耐心，他给周围的人传授的是“时刻保持紧张状态”的理念。他讲话简短有力，目光寒冷而锐利，行动敏捷迅速。他总是打断别人的话，而自己接上后半句。他用冷漠和打断对方谈话来表示不满。“冷漠”可以通过一系列的表情传达给对方：他盯着说话的人，面无表情，一动不动，紧闭双唇，直到对方领会到不友好的气氛而最终保持沉默。如果对方有一定的职位，他会打断谈话，切换主角。这时他会不停地移动身体，时而踮起脚尖，时而放平双脚，踮起脚时让人感觉他似乎马上要跳起来或是扑向前方，而当双脚落下时，他会设法弄出一些噪音，或用双唇发出声响引起对方的注意。这些形体语言传递的信息表明他很不耐烦，准备打断对方谈话。他显得十分恼怒，因为没能控制整个谈话。

贝尔（*Bell*）把**PA - - -** 定义为“指挥官模式”。这类人试图控制组织环境，进而约束和管理组织中发生的任何事情。他训斥犯错误的下属，讨厌模棱两可和不确定的东西，因此他总是界限分明地看待问题，正如一句话所说：“世界上有两类人，一类人丁是丁、卯是卯，绝不相信还存在第三种情况，另一类人就是剩下的人。”“指挥官”把短期目标当作长远而根本的目标一样重视，交流的方式只有一种，那就是自上而下，告诉你该做什么和如何完成，如此而已。

贝尔认为“指挥官模式”最适于相对稳定的环境。如果任务十分明确，能在固定的规范下精确地完成，管理者可以通过这种模式控制和管理日常作业，约束下属朝既定目标一直前进。

根据我的观察，如果“监工”在升职前缺乏 **A**、**E** 和 **I**，会使他在成为“监工”后更加排斥 **E** 和 **I**。

监工模式使组织十分僵化，失去创新和适应能力。尽管短期内十分有效，但员工士气却很低，跳槽率也很高。只有规规矩矩，从不犯错误的人才有机会升职，这大大阻碍了创新意识的萌发。

一旦监工离开组织，生产状况立刻会发生明显的变化，人们冲破约束，组织罢工，生产懈怠，表现出明显的反叛意识。

管理位置的变化要求管理素质相应的变化，**P** 变成了 **PA**，但这并不够。

如果监工能够整合和团结员工，与生产和管理的各个角色合作，企业将会发生什么变化？下面我们转而讨论另一种管理失效的模式 **PA - I**。

“温和的王子” (PA－I)

“温和的王子”集三种角色于一身：生产主管、执行主管和整合者。他负责短期生产目标的实现（**P**），注重建立有效的控制系统（**A**），乐于团结和整合大多数人的力量（**I**）。不像只知道发布命令的监工，他听取别人的意见，允许讨论，但必须由自己决策。在企业中，他会广泛地听取不同见解，找出大多数人赞成的想法，促进意见的统一，并借助 **P**、**A** 的力量实施决策方案。由于尊重和听取别人的意见，“温和的王子”在企业中有一定的威信，该模式也很有效。

但是另一方面，“温和的王子”仍然从内心深处与员工保持距离，属下们敬畏他，按他的想法勤奋工作。他们仍然没有自己的独立

Drawing by Chas. Addams; Ⓒ *1976*
The New Yorker Magazine, Inc.

想法，而“王子”和他们一样，也没有自己的想法，他毕竟不是“国王”，他能做到的只是让员工们在友好的气氛中工作。

“王子”没有非凡的领袖气质，因为他身上缺乏足够的E，有的只是完成短期任务的能力。

“王子”能在企业中形成短期的影响力，扮演的角色也是小打小闹的执行者和整合者。如果他离开组织，下属们会回到原来的工作方式，团队整合力量也会慢慢消失，因为整合缺乏核心的理念（E）。团队理念只存在于操作的表面，随时都可能作废。

总而言之，“温和的王子”没有独立的理念（E），他只是在团队中落实高层旨意、确保结果实现（P）的普通成员（AI）。

《纽约时报》的一篇关于美国军方高级管理人员赛勒斯·万斯的文章很有趣。

> 在五角大楼，他的名声很好，是一个出色的管理者和政策的落实者（A）。有人戏称，就是国防部长与军队的关系恶化，他也能与军队保持良好的关系（I）。和他共事过的人认为他很民主，在拿定主意前他总能耐心等待各方面的意见（I）。他绝不在结果弄清之前轻举妄动，特别是对于事关团队团结的问题（I）。有人认为万斯先生缺乏想像力（没有E）。他的角色更像是一个技师（P）或球队成员（I）。这种风格使白宫总能处在领导的地位，左右事情的发展（没有E）。熟悉万斯的职业外交官都认为他能把部门管理得井井有条，但却不能保持充分的灵活性（没有E）。而卡特总统看重的是他处理常规问题的能力而不是他政策革新上的能力和丰富的想像力。（没有E）万斯是一个“科技专家”式的政治家，他有非凡的控制能力，使总统制定的方针政策在军队中贯彻（A），万斯本人认为他会避免成为卡特总统讽刺的、基辛格先生那样的死板外交官。
>
> （《纽约时报》第十三版，1976年12月4日）

文中提到的最多的角色是**I**(4 次)，**A** 提到了 3 次，**P** 提到了两次，而有关他缺乏 **E** 的事实提到了 4 次。我们可以把万斯的管理风格定义为 **PA - I**(“温和的王子”)或 **PAeI**(“牧羊人”)。

如果“温和的王子”不懂得生产管理会怎样呢？这时就会出现另一类管理失效——“模式化的官僚”。

模式化的官僚(- A - I)

如果管理者只具有 **A** 和 **I** 的素质，注重形式，有良好的人际关系，不独断专行，但缺乏创新思维和对管理绩效的追求，我们就称其为“模式化的官僚”或“友好的管理者”（Open - Door Manager）。无论处在哪个管理位置，他都比别的管理者更注重“参与式”管理。他试图建立人人都乐于接受的控制系统，工作的重点是维持现有管理体系和相关程序的运作。**I** 使他的部下比在纯粹的“官僚”手下更轻松。

模式化的官僚能够听取、赞成和接受不同的观点。但前提是他们不打破任何既定的规范。虽然他的大门总是向雇员敞开，但是像“随大流”式的管理者一样，他并不是真心情愿地接受那些想法。这是因为他不重视结果和绩效，不愿意接受改变，也不会引入良性的“冲突”。

这类管理者十分注重形式，并且保持良好的人际关系。他常常组织广泛参与的会议，给员工们说话的机会，他总是表现出对事情的关注和兴趣，鼓励和激励员工。然而他经常强调的是“我们必须让整个系统按设计的方式运作”。他要求员工们必须按时上班，让公司上下包括他自己保持良好的关系。

“模式化的官僚”领导的组织比纯“官僚”领导的组织有更多的员工培训、交流和合作，但两者都缺乏生产管理（**P**）的能力。短期内员工们在前者领导的组织中会有十分轻松的感觉，管理也似乎很有效率。人们友好相处，整个组织充满了相互尊重的气氛。但时间拉长，员工们，特别是组织外部的人们会发现这种管理风格让企业渐渐失去了活力，在这里没有激情，没有追求目标的决心，也没有改变组织状态的新理念，更没有势在必行的改革方案。深层次的矛盾潜伏在组织内部，根本无法公开解决，整个组织像是一个接纳和帮助退休人员的机构。

这样的组织只能在没有竞争和没有变化的环境中生存。这类管理者在政府的官僚机构中很有市场，因为他的管理风格最大限度地减少了碰撞和摩擦，人们都觉得他很友好。

如果我们重新组合集中管理角色，去掉 **A** 加入 **P**，形成一个新的管理风格 **P－－I**，我们将得到另一种管理失效的模式，它的特点是注重结果和人际关系，与之相应的管理者可以被称为“二流教练”。

“二流教练” （P－－I）

“二流教练”追求结果，整合下属，精于促进管理过程的实施，懂得利用妥协达到目的，是短期管理的好手。他虽然有些理想化和吹毛求疵，但却善于发展团队。该模式的管理者人际关系甚好，适于做一线的生产管理者。他的视线超不出系统之外，从不依靠形式和规则达到目的，他积极地鼓励和支持一线工作的员工。

很多年轻的领导者和二流政客符合上述特点。他们努力让员工保持兴奋，并把这种能量用于管理目标和结果的实现。但实现的过程也许会让组织付出很大代价。由于他们只追求短期绩效，所以在长期中，他们会因为缺乏管理系统而失败。他们只是“战略家”而非“战术家”。

不同于“钟摆”式的管理者，二流教练重视意见的统一和人际关系的和谐。他很少发布自上而下的命令，也不会盲目地“随大流”，结果和绩效对他也很重要。可另一方面，它不建立管理系统，没有成熟的理念，所以它成不了主教练，而只能在战术上整合球队实现短期的目标。

下面，我们拿走 **I**，加入 **E**，转而分析新的管理失效模式。

没有前途的创业者（P－E－）

“没有前途的创业者”只扮演 **P** 和 **E** 的角色，这类人常常是组织的创始人。然而它也许永远走不出“萌芽期”，到企业做大时，它将失去控制力。他总是精力充沛地发起一项事业并且亲自经历整个实现过程。长期中他只能眼看着组织的发展超出其个人能力，当需要更多的控制力时，它的管理越来越无效。组织功能开始紊乱，管理缺乏控制力和整合力。他缺乏的只是长期发展的 **A** 和 **I**。

这类管理者思维活跃，敢于冒险，并且重视结果和绩效。他性格外向，比钟摆式的管理者看得更远，它有始有终，比纵火犯式的管理者更务实。

他带来“火种”并且亲自照料。虽然他周围也有很多追随者和助手，但基本上还是他一人唱独角戏。组织中没有整合和委托。他总是有激动人心的想法并且知道如何达到目的，手下们也仅仅是试着赶上他的步子，他们彼此独立，没有形成团队，有时甚至有 30 个以上的下级直接向他汇报。

由于没有系统的管理队伍和整合力，企业发展总局限在他个人的管理能力之中，当他离开企业时，企业会顿时失控，走向灭亡。

还有一类不同于“没有前途的创业者”的人，他们是角色错位的专业技术人员。这类管理者多存在于意识形态领域的组织中，如艺术团体的领导、医院的院长或科研机构的部门负责人。

说他们“错位”是因为他们缺乏控制和整合的能力。他们走上管理者的位置多半是因为在专业领域的造诣，或在生产或创意上的突出表现。可是，管理好一个组织需要的不仅仅是专业或研究方面突出的才华。

由于角色错位，他们常常感到沮丧，并且时不时地提醒自己，还有更适合自己的位置。目前的位置是职业生涯的一个错误，或仅仅是短期的“客串”。他像是一个“牺牲者”，总是向同情他的人述说自己对工作角色的不满，以及整个环境对自己的压抑。然而，现实中他却彻底地离开了创意、设计和研究的工作，他完全陷入了“权力游戏”之中，那种控制力带来的及时反馈毕竟比在专业领域努力得来的回报更痛快，但是他永远也得不到来自外部的肯定和赞誉。

一个艺术家最需要的是 **P** 和 **E**，**A** 和 **I** 不是那么重要。人们眼中的作家和画家总是富有想像力，并且能够通过某种媒介把它们表达出来，从始至终地发挥个人作用。真正的艺术家需要 **E** 赋予他新鲜的灵感，还需要 **P** 给他表达的手段。艺术上的追求离不开良好的载体，没有 **P**，艺术家就无法完成创造，即使是完成了也不能广泛地传播。

一个有 **P** 而没有 **E** 的人只能是画工，他重复相同的作品，而一个有 **E** 没有 **P** 的人就像吉普赛人——浮想联翩却一事无成。

为什么会角色错位？优秀的演员想成为导演，优秀的医生渴望当上行政主管，而优秀的学者往往被提名大学的校长。然而他们都无法胜任。好导演需要有整体的统筹能力使剧组充分整合（**I**），艺术团体的领导要能够主持日常管理，协调机构运作，筹集资金，甚至是制定演出日程。

没有 **A** 和 **I** 的优秀医生在成为医院的主管后将会不断地与同事和下属冲突（缺乏 **E**），他甚至不能控制预算，无法聘用一流的护士和监督医疗信息的收集与处理。

在大学里，无数的这种角色处在管理位置。教师聘用政策将随着新任领导的新管理目标而不停地变动。而每个掌权的人都没有长期稳定的政策或计划。课程设置是多元交叉的，名称也很有新意，但实质的内容却一成不变。学科之间的交流和渗透只存在于年轻人的想像之中。

“没有前途的创业者”和“错位的专业管理人员”都缺乏控制力，因此他们很容易从团队中分离出来，他们在自己的专业领域里被推崇和尊敬，可在部门管理上，他们的工作却不被肯定。

要想成为优秀的管理人才不仅需要 **P** 和 **E**，还需要一定的 **a** 和 **i**。在专业性很强的组织中，**A** 和 **I** 通常由行政主管扮演。

这又引发了一个新的问题：**－A－I** 能经营好专业组织吗？依我看似乎不行，因为 **－A－I** 需要丰富的 **P** 和 **E** 来理解组织的特点。即便他能理解，专家们也会因为不信任而排斥他，轻视他。因为他不是艺术家、医生、教授或科研人员。

然而，相比之下，**－A－I** 却比 **P－E－** 更适合领导专业组织。因为有了 **I** 和 **A**，**－A－I** 可以花时间取悦专业人才（**I**），整合他们的优势，组成一个支持系统（**A**）。但是他始终摆脱不了手下的“不信任”、“厌烦”、“讽刺”和“批评”。**P－E－** 更不善于管理，但他的管理失败会因为在专业上的成功被原谅。人们认为他是一个牺牲者，应该在“灾难降临之前离开这儿”。

专业组织需要 PaEi 做专业指导（如艺术、医疗和学术团体），还需要 pAeI 做行政主管，两者都很重要。

有人会问，能不能让 **P－E－** 和 **－A－I** 合作呢？答案是否定的，两者根本无法合作，因为彼此都对别人的贡献不屑一顾。专业指导抽不出时间，也不愿意关心员工的期望和组织内部的需求，而 **－A－I** 也不重视结果和绩效，他缺乏专业兴趣和创新思维（**E**），这两者又是支持 **P－E－** 和赢得人心的关键，久而久之，由于长期不使用 **I**，他变成了彻底的 **－A－－**。

况且，如果 **P－E－** 和 **－A－I** 互相不尊重对方，他们根本无法协作。所以，正确的做法是寻找同时具备三种以上管理素质的管理者。企业最需要的专业管理者应当是 **PaEI**。或者退一步，**PaEi**，因为很少有人既是专家又精于整合（**I**），他们的工作都有一定的独立性。

最重要的是专业管理人员不能完全没有 **I**，这种情况经常发生，因为专业组织评价人才的标准是 **E**，**E** 越大，越能出类拔萃，很多人为了发展 **E**，不得不以 **I** 为代价。

独行者(PAE－)

他是能够驾驭复杂项目计划的大师，他超凡的能力使整个计划在取得成功前持续地得到营养和支持。由于不凡的**E**素质，“独行者”具有全局眼光，能够判断结果的成败。**P**使他重视绩效，**A**使他能够借助系统实现期望目标。然而缺乏**I**是其致命的弱点，他上演着另一种形式的独角戏。

与“没有前途的创始人”相比，“独行者”领导的企业能超出其个人能力而发展，这也许是得益于**A**建立的秩序。当“独行者”离开企业时，企业又会遇到麻烦，因为他是幕后惟一的生产主管、行政主管和企业策划人。他没有建立一支有**P**、**A**、**E**等要素组成的管理团队，只有团队才能使企业保持原有的增长势头。

他更是合作系统分析师或传统的企业发展顾问，他知道运用各种理念和手段达到管理的目的和期望的结果。但他始终不能创造一个环境，调动下属的积极性，共同参与到管理过程中。

类似于“独行者”的管理者可以在建筑行业或投资银行业中找到。这类人有灵活的头脑和很强的实际操作能力，能把所有的事组织得井井有条。但这种井然的状态维持不了多久，一切“交易”和“目标”的实现只依赖于他一个人，这实质上仍然是“独角戏”，当主人公退场时，组织将陷入困境。

煽动者（－－EI)

这类管理失效的原因是完全没有**A**和**P**。煽动者精于整合与创意，但感觉上他却更像促销员或说大话的政客，因为他说的多于做的，没有实现承诺所需要的具体努力（**P**）。

“煽动者”总是把能够吸引选民的好想法变成自己的承诺，但承诺的基础不是完善的实施系统（缺乏**I**）和具体的实现手段（缺乏

P）。他只有靠充满想像力的头脑获取有利的信号，让手下或选民与之一心。

因此他做的是不负责任的承诺。他并不会让，也没有能力让别人知道事情确切的结果，他的目标是创造激动的气氛，吸引所有人的注意力，齐心协力地支持他。“煽动者”们很担心下次选举的结果，因为人们不久就会了解真相，对他失望。

“煽动者”不同于“纵火犯”，他的动机并不是宣扬个人思想以求自我膨胀。他能充分地倾听人们的想法、需求和期望。有了**I**，他可以觉察组织内部的“暗流”。而有了**E**，使他能够用独到的见解说服和利用这些“暗流”。他总能说到人们的心坎里，承诺人们最想要的东西。他也不同于“随大流”者，后者只能团结一小群人，因为后者缺乏核心的理念和立场，他则可以充分利用独特的想法感染大多数人。

“煽动者”和“纵火犯”还有一个区别，前者没有坚定的支持者，尽管手下们表面上服从他。而后者却有一支接受其理念、一心为之努力的支持团队。

然而，手下们总是会经历感情上强烈的反差，初次与 - - **EI** 接触，他们会为 - - **EI** 的承诺激动不已，并且有明确的行动方向，可冷静下来后，他们会发觉那些想法缺乏赖以实施的基础，他们找不到突破口，甚至会问自己“他到底想让我们做什么？”“煽动者”为手下们建立起了成就事业的雄心，却没有为他们指明前进的目标。

在墨西哥，这类领导被称为 Alcoa Seltzer，他能让你很快地从生活的压力中解脱。但也就是几个小时以后，你会重新回到郁闷的状态。贝尔把这类领导称为“表演者”。

“表演者”典型上都是精于运作的政客，他通常同时做许多事情，始终保持兴奋的状态，为了达到成功的目的，他会充分使用自己的才华操纵别人的想法。这些才华和技巧甚至包括：虚假参与、贿赂、串通、包装和恭维。

下面我们考虑是否可以让“煽动者”与其他的管理失效模式相互

合作。一种潜在的可能是“煽动者”（－－EI）与“监工”（PA－－）风格的手下结合。显然前者期望自己的手下们坚定统一地支持自己的想法。这正好符合“监工”们机械和热情的工作风格。他们会心甘情愿，甚至是积极主动地接受上级在思想上对他们的支配和奴役。

但问题却是：“煽动者”根本没有明确的行动指示，他的想法太模棱两可了。在这种情况下，“监工”们会自己去发现问题和确定目标，并不遗余力地贯彻执行。因为他们期望企业这艘大船“密不透水”。此时的“煽动者”看不到“监工”们做了什么，他追求的只是“纵火犯”追求的“一呼百应”的感觉。然而这时“监工”们也许早已偏离他的想法，无意识酝酿着一场灾难。

灾难的结果也许会像“水门事件”一样。尼克松总统的两个重要的幕僚是哈德曼和恩瑞奇曼。总统本人是一个拥有战略眼光和行动方向的政治家（E），可他的想法得不到肯定（I），这一点可以从他对媒体的不满中看到。这时，他只好找来能够不假思索地支持和服务他的观点的 **PA－－**。而这两人正好适合。这种组合的结果是：**EI－－**的指示太宽泛，**PA－－**只能按自己的想法理解指示的细节，于是巨大的误会便产生了，**PA－－**真正执行的理念早就失去了原有的深刻（**E**）和创新。

通过上面的例子可以得知，并不是所有的管理风格组合都可行。**PA－－**和－－**EI** 就是一种潜在着巨大危险的组合，而 **PaEI** 和 **pAeI** 则是一种较为有效的组合，只要 **pAeI** 不介意处在从属和支持的角色，双方将会愉快地合作。其实这种组合早已出现在医院、剧场、影剧院和大学的管理中了。

下面的分析将在现有的基础上加入 **A** 的素质。

“失败的领队” （-AEI）

这类管理者发起创意，整合团队，建立实施的系统，但系统却产生不出预期的结果和绩效。员工们紧随“领队”（-**AEI**），努力实施既定的任务，然而在长期中，他们会因为看不到结果而灰心丧气。这类管理者的确重视组织和整合管理，但最终的结果总是失败。

在务实主义者眼里这类管理者就像是“理想共产主义者”，尽管后者拥有人性化的、吸引人的目标（**E**），实施的结果却让经历实施过程的人不堪回首。

管理者很容易失去 **P** 的素质，当他置身权力圈后，免不了丢掉来自一线的十分必要的判断力，这些是组成 **P** 的基础。或者像希特勒一样，管理者只知道“纸上谈兵”，没有实际的经验和基本的 **P**，管理不会有结果。

在工业管理中，人们曾期望他拯救身处逆境的企业。人们梦想着他能够立刻改变企业的命运，成为企业的“救世主”。当然，他有强烈的成功欲望，可他在 **P** 上的弱点决定了他无法深入了解陌生企业内部的技术、市场和漏洞，这使好的愿望一文不值。也许人们对他的期望太高、太急，以至于最终落空。他可以称得上是优秀的企业策划、行政主管和团队整合者，可他偏偏缺乏专业的技术和知识，以及在此基础之上对企业的基本了解。

可以举很多类似的例子，管理者满腔热情、精于控制、思维活跃、心胸宽广，但缺乏专业知识和学习专业知识的时间，最终他们没有成功。

乔治·斯坦在他的管理学著作《高级管理策划》中提到了 Winchester 公司在 20 世纪 20 年代和 30 年代的经营管理。企业的总裁任命了一些没有专业经验的管理者。

他曾经自夸地说，公司将在 1923 到 1924 年增加 1000 种新产品。可是为了提高销售额，这些新产品与主营产品相互竞争，而且

Winchester 吞并了其主要的竞争对手。这样做的结果十分糟糕，销售人员必须出售曾经在顾客面前批评过的产品，销售额从 1923 年的 1800 万美元锐减到 1931 年的 700 万美元。

空有改革的动力是不行的。管理者必须熟悉相关领域的特点，把握必要的原则，了解产品的功能和市场份额以及产品结构。只有掌握了大量的信息才能真正实施改革。为了改革而进行的改革只能带来灾难。

因此，管理者并不是天生就懂得如何经营。组织的管理需要一个摸索的过程。每个管理者都应当付出时间，学习和了解 **P**，发展 **A**，经历 **E**，倡导 **I**，而 **P** 必须从一个小的技术、市场、客户和其他重要因素中获得。这些都是企业兴旺的关键。没有完全一样的两个组织，每个企业都有特殊之处，管理者必须了解企业最基本的特点（**P**），在此基础之上扮演其他管理角色。

下一类分析的管理失效模式没有 **P**，也没有 **I**，只有 **E** 和 **A**，我们称其为“卡在喉咙中的刺”。

“卡在喉咙中的刺”（－AE－）

这类管理者十分不重视管理的结果和绩效（缺乏 **P**），同时无法与人合作，不能把想法植根于相互协作的团队之中（缺乏 **I**）。然而却总能提出新的想法并试图从细节上控制执行的过程。

这类管理者不同于“官僚”，他总有新的见解，乐于组织即席会议，控制的手段不拘一格，可另一方面他也十分重视规范，组织定期的会议，乐于使用自上而下的交流方式。

他的行为有些“精神分裂”，内心充满了冲突。他希望实现控制，又总是推行改革。他能看到机会也能看到威胁，虽然他会为机会的到来兴奋不已，却清楚地知道可能面临的阻力和暗藏的陷阱。

他总是为自己的“无能”沮丧，这使他变得沉默和不满，对他人也报以不友好和不支持的态度。会议中他总是唱反调，当讨论涉及操作的层面时（**P**），他会搬出“形势图”，抱怨说：“企业已不能适应市场的需要了。”如果谈到企业长远发展的趋势，他又会转而反对实施变革。

他是矛盾的，他让自己处处不一致，在组织中也得不到支持，因为他总扮演“魔鬼拥护者”的角色。

如果他稍稍具备一些 **P**，他将解决一系列问题，甚至管理复杂的项目，有了 **P**，他可以利用 **E**，把想法结构化和具体化，使之具有可控性（**A**）和操作的方向（**P**）。然而，由于没有 **I**，他不能成为企业发展的顾问，他最多是一个思维活跃的系统管理者。

他很像贝尔描述的“袭击者”。贝尔认为，“袭击者”反抗权威和传统习惯，有很强的创新意识（**E**）。然而，他有些吹毛求疵（**A**），不愿意承担责任（缺乏 **P**），对确定的环节和计划没有兴趣。由于没有 **I**，他常常把自己内心的冲突引入组织，使得周围的人与之渐渐疏远。如果他勉强接受了一项计划，也只是不停地挑毛病。

为了逃避组织环境赋予他的责任，“袭击者”也会联合周围其他的“袭击者”，使组织中充满了“怀疑”的气氛，袭击者之间也会相互影响，变得更加偏激。他们攻击任何见到的事情，一会儿他会抱怨局面失控（想实施 **A**），另一会儿他就嚷着要调整策略（想实施 **E**）。

于是，“袭击者”总是与别人唱对台戏，由于总是改变想法，他经常自相矛盾。这让他成了组织发展中“卡在喉咙上又臭又硬的鱼刺”，上也不是下也不是。如果他成为企业顾问将会十分危险，由于缺乏 **P** 和 **I**，他会在了解系统的实际作用之前为了实现控制而改变系统，而且他没有整合的理念，无法在团队中生存。

“宗教领袖”（P－EI）

“宗教领袖”式的管理者能够用非凡的领导魅力确立新方向（**E**），激励和团结员工（**I**），在特定的系统中（**A**）实现目标和结果（**P**）。与“煽动者”相比，他更注重结果和绩效（**P**），他有全局的眼光，既能把握现在又能预见未来。他关心的是企业下一代领导的素质而不是自己下届选举的命运。

他的创造力来源于对结果和绩效的追求。他目的明确而坚定，把创新的能量汇聚一点。而且他有强大的说服力，能够有效地传播自己的理念，通过友好和团结的途径整合员工，实现既定目标。这也是其非凡魅力的源泉。

然而这一切优秀的品质都没有接班人（**A**），组织运作的基础仅仅是领袖个人的魅力。他的管理风格没有形成制度。因此一旦组织失去了他，继任者必须设法系统化和固定原有的管理风格，否则领袖的正面影响将烟消云散。

我的研究经历表明，他在企业中有非凡的影响力，他成绩卓然，在同辈中出类拔萃。可他离开后，组织几乎无法生存，因为一切效率和秩序都寄托在他个人身上。过去的成就大多来自他个人的领导能力。这些能力没有系统化、制度化。这时的企业好比失去舵手的巨轮。

“宗教领袖”式的管理风格失效的原因是缺乏后继性。它可以依靠个人影响力建立**A**，可一旦个人离开组织，**A**的角色便成了真空，控制问题随之充分暴露。其精心营造的**I**也会瓦解，没有了**I**和**P**，组织中遗留的**E**也失去了传播和实施的可能。

企业的生命毕竟长于个人的生命，不能把企业长期的发展寄托在任何个人能力之上。

索　引

A

E

F – G

H – I

Hammer, A.	安·哈默
Hersey, Paul	保罗·赫西
Hertzberg, Frederick	弗雷德里克·赫兹伯格
Hull, Raymond	雷蒙德·赫尔
Illich, Ivan	伊凡·伊利奇
Infant organization	婴儿期组织
Treatment	治疗
Integration	整合
Lateral	侧面的
Training	培训
Upward – downward	从上至下的
Integrator	整合者
Active	主动的
Adizes method	爱迪思管理法
Attitude to other managers	对其他管理者的态度
Deadwood	木鱼
Exclusive	排他性的
Managerial practices	管理实践
Passive	被动的
Staff meetings	员工会议
Style	风格
Subordinates	下属
Time management	时间管理

J – L

Job changing	工作的变动
Career changing	职业的变动

Programmed	程序化的
Task fitting	人物匹配
Management theory	管理理论
Elitism	精英论
Management training and development	管理培训和发展
Administration	管理
Behavioral science	行为科学
Decision making	决策制定
Entrepreneurship	企业家精神
Integration	整合
Method	方法
Obstacle	障碍
Participative	参与性的
Production	生产
Program content	计划内容
Manager	管理者
Characteristic of good managers	优秀管理者具备的特点
Teamwork	团队工作
Theory	理论
Training and development	培训和发展
Managerial mix	管理角色的综合
Managerial practices	管理实践
Administrator	管理者
Deadwood	木鱼
Entrepreneur	企业家
Integrator	整合者
Producer	生产主管
Textbook manager	教科书中才有的管理者
Managerial teams	管理团队

Adolescent stage	青年期
Aristocratic	贵族的
Bankruptcy	破产
Bureaucracy	官僚作风
Courtship stage	求爱期
Early bureaucracy	早期官僚的
Go – go stage	上升期
Infant organization	婴儿期组织
Prime organization	壮年期组织
Rejuvenation	恢复活力
Stable organization stage	稳定期组织
Organizational passages	组织的成长阶段
Organizational therapy	组织诊断

P

PAEI model	模式
Organization life cycle	组织生命周期
Organizational analysis	组织分析
Textbook manager	教科书中才有的管理者
Pain in the neck	卡在喉咙中的刺
Parkinson's law	帕金森法则
Participative management	参与性管理
Participative organization conduit	组织合作通道(POC)
Paternalistic bureaucrat	家长式的官僚
Performer	执行者
Personality	个性
Maturity	成熟
Self – actualized	自我实现
Personnel management	职员管理

R

Rogers, Will 威尔·罗杰斯
Ross, Joel 乔尔·罗斯

S

Sales department 销售部门
Samuelson, Paul 保罗·萨缪尔森
Self – actualization 自我实现
Shaw, George Bernard 乔治·伯纳德·肖
Simon, Herbert 赫伯特·西蒙
Slave driver 监工
Small – time coach 中场休息时的教练
Solo developer 独行者
Sprouting founder 没有前途的创业者
Stable organizational stage 稳定期的组织
Staff meeting 员工会议
  Bureaucrat 官僚
  Deadwood 木鱼
  Entrepreneur 企业家
  Integrator 整合者
  Producer 生产主管
  Textbook manager 教科书中才有的管理者
Steiner, George 乔治·斯坦纳
Storm, H. 斯托姆
Subordinates 下属
  Administrator 管理者
  Deadwood 木鱼
  Entrepreneur 企业家
  Integrator 整合者
  Management styles 管理风格

T

Entrepreneur	企业家
Integrator	整合者
Producer	生产主管
Textbook manager	教科书中才有的管理者
Townsend, Robert	罗伯特·汤森

V.-W

Vance, Cyrus	赛勒斯·万斯
Weber, Max	马克思·韦伯
Wiener, N.	威娜
Wilson, Flip	菲利普. 威尔森
Wouk, Her	赫尔曼. 乌克

www.ingramcontent.com/pod-product-compliance
Ingram Content Group UK Ltd.
Pitfield, Milton Keynes, MK11 3LW, UK
UKHW021829190726
13853UKWH00003B/1261

9 787508 033167